认知视角下英语语言学与应用语言学研究

潘 超 著

北京工业大学出版社

图书在版编目（CIP）数据

认知视角下英语语言学与应用语言学研究 / 潘超著． — 北京：北京工业大学出版社，2018.12（2021.5重印）
ISBN 978-7-5639-6758-2

Ⅰ．①认… Ⅱ．①潘… Ⅲ．①英语—语言学—研究 Ⅳ．①H31

中国版本图书馆CIP数据核字（2019）第023458号

认知视角下英语语言学与应用语言学研究

著　　者：	潘　超
责任编辑：	张　贤
封面设计：	点墨轩阁
出版发行：	北京工业大学出版社
	（北京市朝阳区平乐园100号　邮编：100124）
	010-67391722（传真）　　bgdcbs@sina.com
经销单位：	全国各地新华书店
承印单位：	三河市明华印务有限公司
开　　本：	787毫米×1092毫米　1/16
印　　张：	10.5
字　　数：	210千字
版　　次：	2018年12月第1版
印　　次：	2021年5月第2次印刷
标准书号：	ISBN 978-7-5639-6758-2
定　　价：	50.00元

版权所有　　翻印必究

（如发现印装质量问题，请寄本社发行部调换 010-67391106）

前　言

　　语言是人类社会历史发展的一个重要里程碑。语言的出现象征着人类开始以新的态度和新的速度前进。随着社会实践的不断积累以及社会生产力的逐步提高，语言也逐渐呈现多样化发展，变得愈发丰富和成熟。到目前为止，语言不仅得到了越来越多的应用，而且语言的理论研究也达到了较高的标准。

　　语言学分为理论语言学与应用语言学两个方向，其中理论语言学又分为认知语言学、功能语言学等多个流派，每个流派有着不同的研究方法和研究角度。作为近期研究的热点，认知语言学近十年来在理论演绎与描写分析方面都取得了很大进展，认知语言学已经成为对自然语言进行分析与研究的一种重要理论，但是目前对认知语言学的本体认识方面还有所欠缺。尤其是在我国，由于认知泛化和思维僵化，认知语言学在理论与方法上还远远没有形成一个统一、稳固的理论系统。

　　全书内容共七章。第一章为语言与语言学综述，主要阐述了语言与语言学、语言的起源与发展、微观语言学与宏观语言学，以及语言学基础理论等内容；第二章为认知语言理论及其相关发展，主要阐述了认知语言学的理论基础、认知语言学的内涵和研究对象、认知语言理论的定位以及语言与认知等内容；第三章为认知视角下的语义学研究，主要阐述了语义与语义学、认知语义观、语言与思维的关系和认知语义学新论等内容；第四章为认知视角下的语法学研究，主要阐述了语法与语法学、语法结构及其成分以及认知语法的基础与核心等内容；第五章为认知视角下的语用学研究，主要阐述了认知语言学与语用学、认知视角下的语言行为构建、认知视角下的强制性言语行为与礼貌以及认知视角下的信息性言语行为与合作等内容；第六章为认知视角下的语篇学研究，主要阐述了语篇研究概述、衔接与连贯以及认知与语篇连贯等内容；第七章为认知视角下的应用语言学研究，主要阐述了应用语言学的历史发展、从认知视角看应用语言学的内涵以及应用语言学中的认知研究概论等内容。

　　本书共七章约 20 万字，由潍坊工程职业学院潘超撰写。为了保证内容的丰富性与研究的多样性，笔者在撰写本书的过程中参阅了很多关于认知视角下英语语言学与应用语言学研究等方面的相关资料，在此向资料作者表示衷心的感谢。最后，由于笔者水平有限，时间仓促，书中难免有疏漏和不妥之处，恳请读者批评指正。

潘超

2018 年 11 月

目 录

第一章 语言与语言学综述 ... 1
- 第一节 语言与语言学 ... 1
- 第二节 语言的起源与发展 ... 9
- 第三节 微观语言学与宏观语言学 ... 12
- 第四节 语言学基础理论 ... 15

第二章 认知语言理论及其相关发展 ... 27
- 第一节 认知语言学的理论基础 ... 27
- 第二节 认知语言学的内涵和研究对象 ... 29
- 第三节 认知语言理论的定位 ... 37
- 第四节 语言与认知 ... 40

第三章 认知视角下的语义学研究 ... 47
- 第一节 语义与语义学 ... 47
- 第二节 认知语义观 ... 51
- 第三节 语言与思维的关系 ... 56
- 第四节 认知语义学新论 ... 63

第四章 认知视角下的语法学研究 ... 67
- 第一节 语法与语法学 ... 67
- 第二节 语法结构及其成分 ... 72
- 第三节 认知语法的基础与核心 ... 78

第五章 认知视角下的语用学研究 ... 81
- 第一节 认知语言学与语用学 ... 81
- 第二节 认知视角下的语言行为构建 ... 91
- 第三节 认知视角下的强制性言语行为与礼貌 ... 94
- 第四节 认知视角下的信息性言语行为与合作 ... 98

第六章 认知视角下的语篇学研究 ... 107
- 第一节 语篇研究概述 ... 107

第二节　衔接与连贯 ………………………………………… 111
　　第三节　认知与语篇连贯 …………………………………… 117
第七章　认知视角下的应用语言学研究 ……………………………… 131
　　第一节　应用语言学的历史发展 …………………………… 131
　　第二节　从认知视角看应用语言学的内涵 ………………… 145
　　第三节　应用语言学中的认知研究概论 …………………… 154
参考文献 ……………………………………………………………… 159

第一章 语言与语言学综述

语言是人们社会生活中不可缺少的一部分，它是人们传递信息、进行交流的重要手段。尽管人们认为语言是至关重要的，然而人们还是对其略知皮毛，缺乏深层次的了解。本章就对语言的相关问题进行重点分析和探讨，包含语言的定义、起源与发展、特点与分类，从而使人们能够全面了解语言。

第一节 语言与语言学

一、何为语言

语言研究学家在进行研究时首先要考虑语言是什么，只有了解"语言是什么"，才可以更深入地对语言学的理论与应用进行研究。到底何为语言？下面就从三个层面进行分析。

（一）语言的定义

作为一种特殊的社会现象，语言不仅是人类重要的交流工具，而且还是一种不可或缺的思维工具。它是一个基于语音与音义的符号系统。它是社会接受的言论和话语规则的总和。可以说，语言不仅是人类社会的客观现象，而且还是人们普遍认同的符号系统。语言是一种声音和符号以物质形式出现的系统。而词汇是建筑材料，语法是结构规则的系统。语言单词标记特定事物的语法规则对人类思维的逻辑规则进行了反映。由此可见，语言也是人类进行心理交流的一项重要工具。

从古希腊时期到现在，国内外学者对语言的定义有数百种，其中颇具影响的有 100 多种。

作为人类最重要的交际工具的语言，尽管可以通过文字的形式加以保存，然而也并不是完整的，在特定的话语描述情境中才会需要语言的存在。这并不是说语言是一种产品，它是进行活动的一个过程。

语言不仅是一种思维工具，还是语音的集合，除此之外，还是社会的产物。语言是用来表达思想和感情的，它与社会组织和日常生活息息相关。对于任何一种语言来说，它与其他语种都是有所区别的，一般情况下都是由文化来对它的范畴和形式进行定义的。

（二）语言的属性

一般而言，语言的属性主要具有以下几个层面。

1. 生理性

语言有其特殊的生理基础。有数以万计的语言处理机制存在于人类的大脑中，这也解释了为什么人类不同于动物，为什么婴儿能够迅速获得语言，为什么儿童在一定年龄后语言习得的速度会明显下降等问题，造成这些现象的原因主要是语言的生理性。也就是说，在人类的大脑中有两个部分控制着语言，即布洛克区和威尼克区，布洛克区主要负责语言的产生，而威尼克区主要负责语言的理解。

2. 工具性

语言的工具性在以下两个层面被充分体现出来。

（1）交际方面

语言是特定交际实践的产物。只有当人们在某些情况下对语言进行使用时，他们才能真正学会怎样使用它。只有不断地发展和改变交际中的语言，才能赋予它新的生命。

（2）思维方面

语言不仅是思维的工具，而且还可以使人类的思维方式被充分表现出来。语言学家利用这些思维方式能够对人类思维的规律进行总结。另外，语言习惯和结构方式也反作用于人类的思维。

3. 社会性和约定俗成性

正是由于语言可以用来进行社会交际，所以具有明显的社会性。大部分语言在历史的长河中，都已成为常规语言，所以也就具有约定俗成性。这两个特征要求使用者能够更广泛地认识和了解交际活动，以保证能够正常进行交际。

总而言之，心理、认知以及环境等因素严重制约了人类语言的习得。和其他动物交际相比，人类语言更为复杂，从而使人类与动物有所不同。

（三）语言的作用

1. 语言可以进行思维

因为语言与思维是密切相关的，并且思维方式具有民族性，所以语言也同样具有民族性。语言的多样性不能因人类思维能力的共性而被忽视，语言的多样性也不能作为判断每个民族思维能力高低的指标。

语言学界很长一段时间以来都在对语言与思维二者之间的关系进行着密切关注，但迄今为止也没有完美地阐释二者之间的关系，由此成为语言学派尤为关注的焦点之一。到目前为止,语言学界还没有定义语言是否先于思维,语言是否能决定思维。

2. 语言可以传递信息

在日常生活中,人们通过语言之间的传递对更多的信息进行获取,然后再通过交流使语言的信息传递功能充分体现出来。信息传递是人与人之间最基本的沟通方式,而语言的社会功能中的一项最基本的功能就是信息传递的功能。

人们通过交换信息,在社会中对彼此的经验和意见进行分享,从而能够更好地进行合作。相比于一些具有特定社会性的动物群体,人类的语言信息传递功能显得十分优秀。

目前,语言的信息传递功能在人类文明发展史上占据重要地位。正是由于信息是可以进行传递的,知识才得以积累,社会文明才得以进步。信息的这种传递性是不受空间和时间限制的,语言所传递的信息可以是无限的,信息的内容可以跨越时空。不管有多么丰富的信息,都可以通过语言的形式向他人进行传递。

然而,语言只是一个传递信息的工具,许多形式的信息传递可以在语言之外进行。文字是在这些工具中最为常见的一种。然而,语言在传递信息的过程中仍然是首要的,其次再是文字。这主要是由于语言比文字的出现要早一些,即使到了今天,有文字的语言仍明显少于无文字的语言。

3. 语言可以进行交际

语言同人类社会是紧密结合的,它是一种社会现象。在语言的帮助下,人们能够共同生活、共同生产。语言不仅是一种社会现象,而且还是一种特殊的社会现象。作为一种社会现象,语言既不是经济基础,也不是上层建筑,与此同时,也不服务于特定的阶级,而是服务于整个社会。

事实上,在人们进行交谈的过程中,当说话人以话语形式组织经验,并向听话者进行传递的时候,就已经站在了说话人的立场上,并且还具有一定的主观性。由此可见,尽管说话者的目标是传递信息,然而在这个过程中,他们对自己的主观感受、态度和意图进行了充分表达,与此同时,他们也希望可以从听话者那里获得反馈。听话者在对客观经验信息进行接受的同时,也对说话者的主观情感态度进行了充分了解,同时做出了回应。说话者和听话者在无形当中就形成了交流互动。由此可见,语言是一项重要的交际工具。

4. 语言可以传承文化

文字比语言出现得晚一些,所以,在出现文字之前人们基本上就通过口耳相传来传递或交换信息。除此之外，在语言的长期使用中，语言本身也积淀了浓厚的文化烙印，语言学的诞生正是由人们对语言的研究促成的。人们从语言的侧面成功地对早期人类社会的生存和发展进行了观察，从这个意义上来看，一些语言可以称之为文化的"活化石"。

二、何为语言学

（一）语言学的定义

语言学是为了揭示语言及人类的本质。无论哪一种语言学，都需要回答语言的本质这一问题。从不同的角度看，语言呈现出不同的本质。语言学家研究的角度、方法不同，因此就形成了不同的语言学流派。然而，一种语言学流派，无论它占据着多么重要的地位，占据地位的时间有多久，它总会被修正和取代。因此，语言学的价值不在具体结论，而在于认识论和方法论的价值。在语言学的历史中，无论哪一种流派，哪一种分支，它们之间是异同共存的。

语言学，顾名思义，就是对语言进行科学研究的学科。语言学最初在英语中被称作 science of language，后来才改为现在通用的 linguistics。语言学的研究对象是人类的语言，主要对语言的本质、特征、功能和结构进行了研究。

很长一段时间以来，语言在人类文明史上，早已吸引了人们的无限兴趣，与此同时，也吸引了许多哲学家和逻辑学家，使他们开始研究语言。然而，当时的研究只能被描述为语言研究，因为古人只对书面语言记录进行研究，或者说他们研究的目的是为了对这些典籍的含义进行充分解释。要么是对古书进行校勘和训诂，要么就是进行哲学探讨，归根到底，是为其他学科的发展服务的，并非在着力研究语言本身的特性，因而这一类的研究我们称之为文字学或语文学。

语言学研究的真正发端则要追溯到 17、18 世纪英国在印度的殖民扩张。印度成为英国的殖民地后，一些学者也相继来到印度，这些学者发现印度的梵语和欧洲的希腊语、拉丁语等非常相似。英国东印度公司的一名官员于 1876 年在加尔各答皇家亚洲学会上发表了一篇论文，提出了对梵语与希腊语、日耳曼语、拉丁语等的有关假设，从此引发了对语言进行比较研究的热潮，历史比较语言学也由此诞生。从发生学的角度将其分成了不同的语系，我们平常说的印欧语系、汉藏语系就是由此而来。历史比较语言学的诞生打破了以往的局面，文字学的研究仅限于编写特定的书面语言，历史比较语言学按照语言的不同，通过对不同语言结构的异同进行比较，能够对语言关系的共性规律进行揭示，从那时起，语言学就成了一门独立的学科，并且不再是哲学等其他学科的附属学科。

19世纪以前的语文学和19世纪以来的历史比较语言学通常被划归为传统语言学。到了20世纪初，语言学发展进入了一个新的历史时期，即现代语言学时期。索绪尔（Saussure）的重要贡献就在于提出"就语言和为语言而研究语言"，同时区分了语言和言语这两个概念，认为语言体系中的各要素相互处于组合关系和聚合关系，从此引导语言学走上了系统研究的道路。他的基本语言学思想严重影响了20世纪现代语言学的研究，并在此基础上发展了后来的结构语言学。

在当前科学思潮的影响下，20世纪60年代以后的语言学借鉴了边缘学科等学科的研究成果，先后催生了人类学、社会语言学、心理语言学、计算语言学等交叉学科。今天，从事语言研究的不仅是语言学家，还有人类学家、社会学家、心理学家以及其他学科和领域的专家。

（二）辨别语言学中的重要概念

语言学中有一些普遍、常见并容易混淆的概念，对这些概念的区分和辨别有助于加深对语言学这门学科的理解。

1.描写与规定

首先，请思考一下下面的例句。

Don't say x.（不要说 x）

People don't say x.（人们不说 x）

第一句是规定性的命令，第二句是描写性的陈述，两者的区别就是第一句是规定事物的状态，第二句是描写事物的实际状态。如果说语言学是一门描写性的科学，那就意味着语言学家努力探索并记录语言社区成员实际遵循的语言规则，而不试图给他们强加其他规则或者正确的规范。现代语言学家之所以如此坚持两者的区别，是因为传统语法过于强调规定性，如"不能使用双重否定""不能使用分裂不定式"等。

在18世纪，欧洲所有主要语言的研究都是规定性的。当时，语法学家努力制定正确的语言规则，并一劳永逸地解决有争议的语言用法。对于有些用法，需要达到背诵的程度，或严格遵守，或避而不用。语言使用只有正确与错误之分。人们现在已经意识到语言在实际中的使用要比规定的"标准"重要得多，不能依据逻辑或者拉丁语法来判断英语中某些用法是否正确。当然这并不意味着制定规范不重要，在现代社会，行政和教育对一个国家或地区的主要方言的标准化具有明显的作用。但是语言学作为一门科学的本质决定了它的主要任务是描写而不是规定。

２．共时与历时

共时描写把某一固定时间作为它的观察点，这个固定时间一般是现在。绝大多数语法都是共时的，图书馆书架上任意的一本书，都会标明本书是共时语法。因为语言时时刻刻都在发生着变化，而语法撰写又是个极其漫长的过程，所以共时性也是虚幻的。然而，这种虚幻的共时对语言学却非常重要。索绪尔的历时语言学研究语言的历史变化。

19世纪时，历史语言学曾是达尔文主义者关注的焦点，语文学家在对印欧语系的历史性研究中建立了坚固的传统，该传统引发并产生了大量有关欧洲大部分知名语言历时研究的资料。

３．语言与言语

语言指说话人的语言能力；言语指语言的实际状况或话语语料。虽然言语提供即时可用的资料，但语言学家的研究对象却是每个团体使用的语言，即个人的词汇、语法和音系等知识，个人凭此使用和理解语言。

如果能够理解大脑里贮存的词汇形象，就能够确认决定语言形成的社会规则。社会是一个装着特定团体的所有成员的库房，并且他们对语言这一语法系统进行了积极使用，在任何一个人的大脑中，都潜藏着这一系统。任何一个人的语言都不完全，完美的语言只存在于集体中。在区分语言和言语的同时，也区分了社会的东西和个人的东西以及本质的东西和偶然、次要的东西。

４．语言能力和语言应用

语言能力指语言使用者潜在的与语言规则系统相关的知识，所谓语言运用，即在特定的语境中对语言进行的运用。语言使用者对语言规则都有直觉上的把握，也许语言使用者不能明确地说出这些规则，但是他们的语言运用显示他们在遵循这些规则。例如，你听到一场激烈的讨论之后，想把它记录下来，你会发现辩论者们不总是遵守语言规则。实际上，即便是成熟的说话人也会说出不合规范和语法的句子。

学龄前儿童也知道一些语言规则，不包括一些太细的规则，他们通过语言使用学会了这些规则。儿童的用词方式表明，他们知道什么是名词，虽然他们还不知道名词的定义。一般来说，语言使用者的语言能力和语言运用之间存在差异。语言学家的任务就是从语言运用的语料里找出为语言使用者所掌握的潜在规则系统。

乔姆斯基（Chomsky）认为，语言能力和语言运用之分类似于索绪尔的语言和言语的区分。潜在的语言能力是一个生成过程系统。不是所有的语言学家都赞同乔姆斯基的观点，即语言学理论主要涉及理想的说话人和听话人，他们有完美的语言知识，并处在完全同一的语言团体里。海姆斯（Hymes）站在社会文化的立场对语言进行观察，旨在研究个人和社区说话方式的变化。他指出，语言运用的变化是有规律的。由此可见，语言能力不只是适用于乔姆斯基所说的语法知识，还包括语言运用的语用能力。扩展之后的语言运用也称为"交际能力"。

（三）语言学的分支学科

1. 语音学

语音学对语音进行研究，其中包括言语是怎样产生和传递的，还有语音的描写和分类，词语和连贯言语等。

语音是语言实现其社会功能的物质凭借，它的物理属性和生理属性体现出物质性。语音的音高、音强、音长、音色等四大要素体现其物理属性，而语音的生理属性则体现在人的发音器官方面。在了解了语音物质属性的基础上，我们又可以把语流分解成音句、音段、音词、音节和音素等语音单位。

与此同时，语音的本质属性就是社会性。从社会功能的角度出发，对语言进行研究，形成了音位的概念。可以说，音位是语音体系中对功能进行区分的基本功能单元，是线性切分的最小音段。从区别意义的音长、音高、音强可划分出音长位、声调、重音、逻辑重音、语调、停顿等超音段音位。用语音学的理论指导我们的语音、听力、口语学习，不仅有利于我们讲英语时做到"字正腔圆"，还有利于我们在不同的语言情境中恰当成功地进行交际。

我们可以从不同层面对言语进行分析。在一个层面，言语分析包括解剖学和生理学，由此我们可以对舌头和喉等器官进行研究，同时，还要对产生言语的过程中的作用进行研究；在另一层面，我们对这些器官产生的语音进行了专门研究，先是辨认，然后将其归类，这是发音语音学的范畴。除此之外，我们还可以对音波的性质——声学语音学进行研究。因为言语是要人听、要人理解的，所以就要对分析和处理听话人声波的方式方法——听觉语音学进行研究。

2. 语用学

语用学是一门研究语言单位与交际主体之间关系的科学，它研究的是特定语境中的特定话语，尤其是注重社会语境对话语理解的影响。也就是说，语用学研究的是语言如何用于交流，而不是语言的构建方式。

语用学是将言语行为视为社会实践的社会行为。其核心概念恐怕已经广为人知了。语用学可以说是最有前途的语言学研究领域之一。

语用学的崛起和发展说明，现代语言学家不仅研究语言体系本身，同时还研究使用语言的过程和结果、言语活动、言语机制、言语环境等。而且，不同学科相互融合、相互渗透、相互补充，从而极大地丰富了现代语言学体系。语用学研究的基本内容和主要概念有：意义与语境、意义与所指、指示语与距离、指称与推理、前提与蕴含、合作与含义、言语行为与活动、礼貌与交际、话语与文化等。

3. 语义学

语义学主要是对语言中如何对语义进行编码的研究。它不仅涉及了作为词汇单位的词语意义，还有语言中词之上和词之下成分的意义，如语素意义与句子意义。关键概念有语义成分、词的外延、词之间的意义关系，以及句子间的语义关系等。

语法意义是在词汇意义上更大的概括和抽象，它又可分为语法单位意义、语法功能意义和句法结构意义。把一个意义分解为最小的语义特征，这就是义素，它经组合才能体现语义。语义分解就是把语义分割成义素，而语义场则包含共同义素的语义组成的"场"，如"亲属场""颜色场"等。语义场下可分若干"子场"，语义场的场内语义具有联系性、层次性和民族性。

我们能够看到，义素分析和语义场研究为我们学习词汇、提高阅读效率以及学习翻译技巧和写作等，创造了十分有利的条件。语义学研究语义的聚合关系和组合关系，聚合关系包括多义关系、同义关系、反义关系、并义关系、位义关系和类义关系；组合关系则包括词组和熟语的语义搭配，句子和话语的语义结构，如熟语的语义组合包括历史意义、潜在意义、限制意义和联想意义等。现代语言学采用逻辑方法描写语义，如语义的蕴涵命题演算、谓词演变等。语义的形式化研究、语义的逻辑演算对工程语言学具有重要意义，如研究计算机语言软件、研究语言信息处理等。

4. 句法学

所谓句法，指的是形成英语句子并能够正确理解的原则。句子形式和结构由句法规则进行管理，句法规则定义了词语顺序、句子组织、词语间关系、词类及其他句子成分。

5. 音系学

音系学主要对语音和音节的构成、分布和排列规则进行研究，它的研究对象是语言的语音系统，研究起点是音位。音位是语言学中能够区别意义的最小语音单位，英语中约有 45 个音位。把 /p/ 读 10 次，由于生理原因，每次的发音都会有些细微的不同。另外，/p/ 在 poor 和 soup 中的读音也不同，

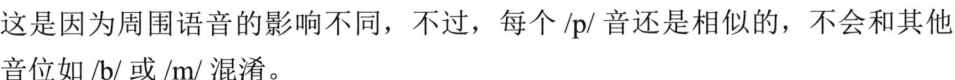

这是因为周围语音的影响不同,不过,每个 /p/ 音还是相似的,不会和其他音位如 /b/ 或 /m/ 混淆。

6.形态学

形态学涉及词的内在结构。它研究最小的意义单位——语素以及词的形成过程。很多人认为词是语言最小的意义单位,而事实上很多词都可以再分解成更小的单位——语素。语素有多种用途,例如,给已存在的词义增添语法信息或做细微的修正。由于语素是音义结合体,因此其中有不少复杂情况,由此产生了一个名为形态音系学的新领域。

第二节 语言的起源与发展

一、语言的起源

随着人类社会的发展,逐渐产生并发展了语言。在历史比较语言学占统治地位的时期,由语言的起源与发展所建构的语言历史几乎是语言学研究的全部内容。结构主义语言学的出现,逐渐扩展了语言学的研究领域。然而,语言的起源与发展仍然是比较重要的研究对象之一。

我们都知道,语言是在劳动中发展起来的。因此,语言的出现离不开劳动,劳动为语言的创造提供了必要性。

同时,古代的人类由于生存环境的逐渐改变,不仅能够进行直立行走,而且还改造和发展了肺部、声带等发音器官,最终能够对各种语言进行调节和发出。由此可见,劳动在一定程度上对古代人类的发音器官和思维进行了改善和发展,并且奠定了良好的语言产生基础。

总之,语言的起源密切关系到人类的起源。发展人类的思维能力的同时也能够发展人类的语言能力,由此可见,语言不仅是人类进化的产物,而且也是社会发展到一定阶段的产物。

二、语言的发展

(一)语言发展的影响因素

语言是一种复杂的社会现象,涉及人类生活的各个方面。语言学家从多方面寻找语言发展的影响因素,总结出以下三个方面是影响语言发展的主要因素。

1.社会因素

可以说,语言是人类进行交际的一项十分重要的工具。为了充分发挥语言的交际功能，人类有必要通过对自然界各种知识和社会经验的反思来跟上时代的发展。正是由于语言交际工具的性质，从而使语言对社会的发展变化起到了促进作用，同时社会的发展又促进了语言的发展，其中，影响力最大的因素就是战争与科技。

（1）战争

据统计，在人类历史上完全没有战争的时间不超过600年。自从有了人类社会，就有了为争夺生产资料而进行的战争，而每一次战争都加速了不同民族语言之间的相互影响。例如，现代英语中法语词汇之所以这么多是因为英国历史上，从11世纪到14世纪，大不列颠经历了由诺曼王朝到金雀花王朝的统治，而英国的国王基本上都来自于今天的法国。据英国语言学家埃克斯利（Eckersley）的粗略统计，现代英语的词汇有50%左右是来自法语或拉丁语。

（2）科技

人类探索自然世界的脚步从来就没有停止过，探索的每一步深入都会带来语言上的相应变化。尤其是在最近的五十年，由于科学技术的发展，人们创造了许多新词来表达新概念、新技术和新发明。

2. 心理因素

语言不仅能够进行交际，而且还能进行思维。在使用语言进行交际和思维的过程中，人们的心理必然会在一定程度上影响语言的使用，从而导致语言的变化和发展。

不同语言社团的人，对语言往往有着不同的心理。例如，爱斯基摩语中有15个名词表示雪的不同形态，但没有一个共同的词表示雪。因为雪在因纽特人的生活中占有非常重要的地位，因此他们创造出不同的词汇来描绘不同形式、不同条件下的雪。但在英语文化中，雪就不那么重要了，一个简简单单的"snow"就可以满足表达的需要。

在所有的心理因素中，思维对语言变化发展产生的影响最大。我们的祖先长期使用具体思维，这使得抽象思维的发展缓慢。由此可见，早期语言中的具象色彩十分浓厚。例如，"龙"在汉语中不仅是一种被神化的动物，更是帝王、皇权的象征，它反映了远古人类最原始的崇拜和敬畏。时至今日，在经历了上千年的演变和发展后，龙不断被注入新的内容，形成了我国今天的龙文化。但是，在英语思维中，"dragon"是罪恶、恶魔的化身。

3. 语言因素

社会因素和心理因素都是语言发展的外部因素，只能对语言的发展提出要求和提供动力。但是，语言是否能够对外部因素的要求进行接受和满足，以及如何将这些外部因素向具体的变化和发展进行转换，还要取决于语言的自身因素，如语言和言语的矛盾运动。

言语是人们对语言的口头与书面运用，要受到交际对象、交际语境、交际信息和情感等因素的影响。这些因素具有开放性、多变性和具体性的特点，不可避免地会使言语与语言系统产生矛盾，进而引发各种"出格"现象。人们会根据具体的需求，创造出一系列语言中原本不存在的新词和表达，这就是"出格"的表现。这些"出格"现象中，有的可能只是昙花一现、转瞬即逝，而另一些将会保留下来，成为语言系统的一部分，从而促使语言的变化发展。因此，"出格"现象是语言发展变化的源泉。

语言形式和意义之间的矛盾也是语言变化发展的一个因素。语言形式的有限性与语言意义的无限性之间的矛盾会对语言的形式产生一定的冲击，其直接后果就是语言形式的更新与衰亡。

（二）语言学的发展趋势

从语言学的历史全局来看，各语言学派也有其共通的地方，其主要研究都是针对语言本身，换句话说，就是对语言的形式及其发展过程进行研究。虽然各语言学派的侧重点不同，但也是因为语言观与语言学方法论不同，它们发展的大致潮流还是有迹可循的。语言研究的初期，语言学家的研究范围非常狭窄，只是对人类已有的话语资料进行研究，关注音位、词、句子等语言实体，并对各自所具有的特点加以描述，同时进行分类，然后对其中的关系进行阐释。然而，这些了解并不全面，这只对静止语言的结构进行了阐释。虽然静态的语言研究方法对认识该语言系统十分有利，但对于认识人类语言的本质特性来说，欠缺的东西还是太多。

事物之间存在普遍联系，凡是有规律的系统，都会与其他系统发生一定的联系，它们并不是封闭的、一成不变的。所以，研究语言系统应该秉持着开放的和动态的态度。语言是一种社会现象，处于社会大系统中的语言系统必然受其他社会因素的影响，并且与其他社会因素具有各种各样的联系。从这层意义来讲，在对语言与社会的关系进行研究的过程中，将语言系统与社会大系统联系在一起，会对探寻语言的本质特征与语言系统的内在规律具有积极的促进作用。社会语言学研究对象，主要针对人类语言与社会关系，该学科打破传统思维的限制，即语言静态研究的束缚，为现代语言学的发展提供了新的研究视角。

以前的语言研究中，语言学家们通常将研究对象化整为零、分门别类，对单一的语言结构进行分析，这样的研究方法不适合当今语言学的发展，我们必须探索一条与时俱进的道路。在当今这个时代中，语言学开始由单一性的研究逐渐转为综合性的研究。语言学与很多因素，如社会、历史、文化等有紧密的关系，如果仅仅局限于单一的语言学学科，较完整地对语言的本质特征进行阐释就会比较困难，这样的研究也会比较片面，给研究者们的研究带来困境。

第三节 微观语言学与宏观语言学

一、微观语言学

（一）微观语言学的定义

从一定程度上来讲，也可以称微观语言学为专语语言学或者内部语言学。一般而言，微观语言学立足于语言内部系统，不包括非语言的事实，研究对象是一种具体的语言，按照一定的科学方法探讨研究其本身的结构和体系。当然，这里的语言并没有严格的限制，既可以是静态的，又可以是动态的；既可以是某一历史时期的，又可以是历时的。因此，微观语言学可分为共时语言学和历时语言学。

（二）微观语言学的分类

1. 共时语言学

共时语言学，或者可以称其为静态语言学，主要研究的是某个特定历史时期语言的存在与发展，研究方法主要是用横断面法，再依据语言本身的结构特点完成研究。共时语言学的研究涉及多个方面。

（1）语音学

语音学包括专语语音学、描写语音学、实验语音学、生理语音学、声学语音学等。专语语音学是指专门研究某一种语言的语音；描写语音学是采用描写的方法研究语音的学科；实验语音学是借助专门的仪器采用实验方法研究语音的学科；生理语音学是从生理特性上研究语音；声学语音学是从物理特性上研究语音。

（2）音位学

音位学研究语言中各个不同的音及这些音彼此之间的区别和关系，可分出音义学、词素音位学等学科。音义学从区别词义的角度研究语音和语言各结构层次之间的相互关系；词素音位学，也叫语素音位学，研究音位在词素结构当中的使用情况。

（3）词汇学

这里的词汇学，研究的是词汇的相关知识，例如，词汇包含的意义、词汇的类别、词语的演变过程。这些只是词汇学的一个方面,其实它还涉及成语、谚语等。

(4) 语义学

语义学描写语言单位语义种类及其系统性的特点,可分为分析语义学、认知语义学、文化语义学、模糊语义学、生成语义学、框架语义学等。

(5) 语法学

语法学包括形态学和句法学。形态学研究词的类型及形态变化;句法学研究词组及句子结构类型。语法学还有其他的分类方法,如描写语法、转换生成语法、功能语法、层次语法、格语法等。

(6) 口语学

口语学可分为普通口语学、口语构词学、口语词汇学、口语形态学、口语句法学、口语修辞学等。

(7) 修辞学

修辞学可分为语言修辞学、言语修辞学、资源修辞学、功能修辞学等。

(8) 文体学

文体学主要涉及形式文体学、文学文体学、功能文体学、社会文化文体学、话语文体学等。

(9) 方言学

方言学可以分为地域方言学和社会方言学等。

(10) 文字学

文字学不仅研究文字的形状、体系、起源、演变和发展,还研究世界上各种不同的书写系统。

(11) 词典学

词典学的研究方式是搜集词汇,进行分类、比较和注释。字典学是词典学的一个分支。

2. 历时语言学

历时语言学又称动态语言学,研究语言在不同时期所经历的变化,研究某一具体语言由古至今的演变。其学科包括历史比较语言学、历史语音学、历史词汇学、词源学、历史语法学等。

二、宏观语言学

(一) 宏观语言学的定义

所谓宏观语言学,即研究怎样对一个系统的人类语言模型进行构建,从而来解释语言的运行机制。宏观语言学包括人类语言学、社会语言学、心理语言学和计算语言学。

(二)宏观语言学的分类

1. 人类语言学

虽然人类语言学是一门科学,但是人类对语言学和人类学的研究并不是同步的,相对于人类学而言,语言学的研究要早。在早期调查阶段,决不能把语言学和人类学分裂开来,必须把它们视为一个整体,不能只依靠人类学家的研究,还需要语言学家的积极参与,只有这样,才能对那些没有文字的语言进行透彻的研究。人类语言学家也有其主攻的范围,主要研究的是早期无文字语言的历史及结构,在此基础上,语言从何而起以及如何发展也是他们研究的对象。那时,研究的范围主要是人们听到的但是并没有相关资料记载的语言,这也存在一个不容忽视的弊端,即随着说话人的离去,语言的真伪就无法辨别了。

因此,人类语言学家在进行研究时,必然要以当代语言为落脚点,再根据其他研究的辅助作用,找出语言在过去是何种面貌,为何会发生变化以及探寻过去与现在的异同,并找出原因,令人信服。

2. 社会语言学

社会语言学并没有单独的研究方法,它的研究方法就是合理运用语言学和社会学的方法,社会科学具有不同的视角,而社会语言学恰恰利用这些不同的角度进行探讨,找出社会本质。社会语言学并不是单一的,相反它的领域十分广泛,包含了语言和社会等各个方面的相关问题。社会语言学对语言变体的特征和功能以及语言使用者的特征进行研究,因为在一个语言社区中,它们三者之间的关系是相辅相成、互相影响、相互依存并且会永远发展变化的。社会语言学的产生与发展有其相应的目的,即语言变体对其使用者的象征价值。语言变体获得象征价值是语言功能区分的必然结果。

3. 心理语言学

心理语言学这门学科,主要涉及语言交际和人类心理活动,主要包括怎样使用语言系统,与此同时,怎样才能满足使用该系统需要的知识储备。心理语言学研究的领域广阔,首先,对于语言和大脑之间的关系,是其研究的主要方向;其次,对于心理语言学的语法部分、语法形式是如何被心理语言学限制的,同样是其研究范围;最后,在儿童的相关领域的研究也颇有建树,比如语言习得理论、语言的生理基础以及语言和认知的关系对儿童发展的影响。

4. 计算机语言学

顾名思义，计算机语言学的主要研究工具就是计算机。根据计算机技术的简捷与便利，对人类社会中自然形成的语言进行解析与处理。计算机语言学并不能由单独的一个学科完成，必须跨学科才能进行。其中，语言学将会发挥作用，帮助认识关于语料的独特个性，与此同时，还能提供相关的理论知识。截止今日，其涉及范围包括语言翻译（机器翻译），在大量的文本库中寻找并储存相关资料以及实现各种形式的计算机多媒体交流。

第四节　语言学基础理论

一、传统语言学

据文献记载，大约两千五百年前人们就开始了对语言问题的研究。中国、古印度和古希腊是语言学的三个摇篮。18 世纪以后的俄国以及后来苏联的语言学也有相当大的发展，在世界语言学中起到了至关重要的作用。一般而言，传统语言学包括两个方面，即古希腊语言学和古罗马语言学。

（一）古希腊语言学

早在 2000 多年前的古希腊，就开始研究书面语言。当时，是基于哲学研究的范围内进行的语言研究，并且属于哲学的一个分支。希腊人大约在公元前 5 世纪，有两场关于语言的著名辩论。

第一场辩论是"自然主义者"和"传统主义者"之间的辩论。语言的形式和意义间的关系是这场辩论的焦点所在。对于自然发生派来说，他们认为词语形式反映了事物的本质，即事物本身的性质决定了事物的名称。他们由此提出了一个结论，即语言是自然发生的。"约定俗成派"认为，事物的命名是在实践中人们真正相互认同的，而不一定与事物的本质有关。因此，语言可以说是约定俗成的一种产物。这场论战持续进行了很长时间。尽管它没有取得任何成果，但它对词源的研究起到了一定的促进作用，引发了人们对词与词之间各种关系分类的兴趣，由此可见，这是第一次在哲学的一般框架下对语法展开的研究。

第二场争论与第一场争论密切相关。它介于"变则派"和"类推派"之间。语法结构是否规则是他们争论的焦点所在。对于"变则派"来说，语言不规则的原因在于它是自然发生的，并且一般情况下以不规则的语言现象作为其论证的基础。对于"类推派"来说，他们认为宇宙有规律地支配着太阳和月亮的运动以及季节的旋转，世界上的所有事物都受到法则的支配，当然，语言也不例外。尽管语言具有不规则的现象，但它总体上是规律的。由于希腊语不仅具备规则成分，而且还有不规则的成分，因此双方都无法说服对方。然而，双方都为语法理论的发展做出了巨大的贡献。"变则派"的贡献是他们对主要的语法范畴加以辨别，"类推派"的贡献一般是他们对曲折变化形式进行了确定。

早期希腊学者主要研究词源学、语音学和语法学。语法学取得了最为突出的成就，影响了传统语言学的发展。哲学家柏拉图（Plato）在"自然主义者"与"传统主义者"的辩论中持中立场。他认为有些词对事物的本质进行了反映，然而，有许多词的语音形式和意义是互不相关的。在对词义关系进行分析时，柏拉图将词义分为主词和谓语两大类。可以说，在西方语言学史上，他是对词语进行分类的第一个学者。

柏拉图的学生——亚里士多德，是一位"约定俗成论"者。他认为语言应该对一定的规则和惯例进行遵循。按照柏拉图的词类两分法，他划分了既不属于主词又不属于述词的词。与此同时，他对结构特征还加以关注，并对词进行了首次定义。

之后，斯多葛学派的"变则论"者以亚里士多德的词类三分为基础，进一步划分了冠词、名词、动词和连词。之后，又将名词分为专有名词和普通名词。他们还对动词的时态和名词格进行了详细的研究。在古希腊时期，亚历山大里亚学派的特拉克斯为传统语言学做出了主要贡献。特拉克斯研究语法的重点就是词法方面。亚历山大里亚学派的狄斯考鲁是最早的全面描述和分析希腊语句法的学者。他从名词和动词的关系出发，对其他词类与名词和动词的关系进行了分析和描述。与此同时，他还研究了动词与名词或代词在人称与数上的一致关系，以及一种词与另一种词的替代关系。他分析和描写的句法奠定了主语和宾语、主从结构的区分的基础。

（二）古罗马语言学

在罗马帝国统治西方文明世界的时代，语言的研究更加活跃，古希腊的两场著名的辩论以及亚历山大学派和斯多葛学派关于语言问题及其结果的观点已经为人所知。

瓦罗对"变则派"和"类推派"的观点进行了描述和阐述，对拉丁语法进行了广泛分析。因此，瓦罗将语言研究分为词源学、句法学和形态学这三个部分。

昆提利安是一位关注教育的学者，对语法也有一些探讨。他认为正确使用语言应该与推理一致，并且还应该效仿权威和引用经典。他认为在对词汇进行发展的时候，相比于形式，可以说意义更为重要。由此可见，选用词汇也应该对自然推理逻辑进行认真遵循。

多纳图斯和普里斯基安对后世的拉丁法学家产生了深远的影响。他们运用了特拉克斯和阿波洛纽斯的理论体系和方法，全面分析和描述了拉丁语法。

一般而言，大多数拉丁法学家，比如说普里斯基，都注重使用希腊语语法模型对拉丁语语法进行分析，但在语法理论中却少有建树。他们所做出的最大贡献就是建立了拉丁语法。

普里斯基安的拉丁语法尽管缺少独特的见解，但在传统语法的传播中发挥了重要作用。几个世纪以来，拉丁语法始终在对这一模式加以运用。其他语言的语法在中世纪逐渐出现，12世纪中叶，出现了希伯来语语法、阿拉伯语语法、古爱尔兰语语法等。从16世纪末到17世纪初，大多数欧洲语言都具备了自己的独特语法。

二、历史比较语言学

（一）历史比较语言学的形成

在对历史比较语言学的成就和发展进行探讨的时候，不能忽视古印度的语言研究的重要作用。早在公元前4世纪，古印度的语言研究就已经得到了蓬勃发展。这一时期比较著名的代表作就是《八章书》，对于讨论深度、表达的系统性和间接性来说，其他语法书都没有办法与其进行比拟。

（二）历史比较语言学的发展

历史比较语言学在19世纪开始逐渐发展迅速。施勒格尔（Schloegel）于1808年发表了《论印度人的语言和智慧》的学术论文。他对语言内部结构的研究进行了强调，指出梵语在词汇和语法关系上与拉丁语、希腊语和日耳曼语有关，并且对"比较语法"一词进行了首次使用。

大部分的语言学家在19世纪中期都是利用比较的方法来研究语言的，施莱歇尔（Schleicher）是其中最著名和最有影响力的研究者之一。按照语言的共同特点，他将语言划分为不同的语言群，用系谱树图对语言的历史渊源和系统进行表示。

三、现代语言学

19世纪末20世纪初，当历史比较语言学如日中天的时候，当新语法学派的学者们努力证明和进一步阐述自己的语言理论时，受德国语言学教育和新语法学派影响，在法国奠定自己学术地位的瑞士语言学家索绪尔，在为历史比较语言学的探讨做出自己贡献的同时，正酝酿着一整套全新的语言理论。他的语言理论不仅为法兰西社会心理学派的形成奠定了基础，更重要的是，它调整了语言研究的方向，改进了语言研究的方法，从而使语言学在真正意义上逐渐向现代科学发展，与此同时，还为其他社会人文科学做出了典范，从而为20世纪以后的结构主义语言学以及其他社会人文科学中结构主义的迅速发展铺平了道路。这种具有广泛深远影响的学说被后人看作现代语言学的理论基石，索绪尔本人则被看作现代语言学的奠基人。

（一）现代语言学的学术背景

任何理论体系都不是个人的产物，它实际上离不开对前人成果的批判和继承，更无法脱离当时的学术思潮和学术背景。索绪尔语言理论的产生、发展不应当忽略这种理论产生的学术背景和思想渊源。

1. 社会背景

欧洲和法国的社会学思想严重影响了索绪尔的语言理论。19世纪前半叶，法国哲学家和社会学家奥古斯特·孔德（Auguste Comte）在实证哲学的基础上，提出了建立社会学的设想。在他看来，社会学是一门科学，整个社会的研究可以统称为社会学，曾经成功地应用于物理和生物现象的调查研究方法，同样能够应用于人类社会。与此同时，孔德还把社会学区分为"静态社会学"和"动态社会学"。有人认为，孔德对社会学的这种区分，对索绪尔共时和历时语言学的区分有一定影响。不过，孔德把社会学看作一门包罗万象的学科。如迪尔凯姆（Emile Durkheim）所说："可以勉强说是我们据以研究社会现象的方法论渊源在孔德之后，实证主义哲学家、英国早期社会学家H. 斯宾塞（H. Spencer）试图明确社会学的研究对象，并提出了一系列社会学研究的课题。然而，他那本《社会学概论》标题很'吓人'，而书中的内容却只是让人们知道社会学的可能性和困难，丝毫没有论述怎样去研究社会学、应该采用什么方法。"总之，当时的社会学刚从哲学中分离出来，还没有能够完全脱离哲学的影响，既没有明确的研究对象，也没有形成专门的研究方法。

迪尔凯姆是近代社会学的奠基人、法国社会学家，对社会科学研究产生了很大的影响。迪尔凯姆于1896年创立并出版了著名的《社会学年鉴》，法国的大部分著名的社会学家都成为他的门徒，被学术界称为"社会学年鉴派"。在确定社会学研究对象方面，迪尔凯姆主要有两方面的贡献。

（1）确定了社会事实的性质

迪尔凯姆为了对社会学的研究对象进行明确，将社会现象与个人的生理、心理现象分开,力图用社会学理论对社会科学进行改造。迪尔凯姆在孔德的影响下,主张社会学应该对"社会事实"进行研究,并区分出"个人的"和"社会的"两个方面。他把发生在社会层面的各种现象称为社会事实,这些社会事实构成了社会,从而使它们成为社会学独特的研究对象。

迪尔凯姆对社会事实的三种性质进行了揭示:①社会事实具有外部性,一般而言,它在个体之外存在,与个体内部的生理、心理现象大不相同;②社会事实具有强制性,不仅在个体身外存在,而且对个体施加各种形式的影响;③社会事实具有普遍性,它是全社会成员共有的特征。在迪尔凯姆看来,社会事实是独立存在的,虽然它们经常存在于个人之间或以个人的形式存在,然而,它们不能仅仅被视为个体事实。由此可见,不能从个人心理或者个人感受的角度去解释社会事实。

(2)论述了从集体意识角度考察社会事实的必要性

迪尔凯姆不仅提出了"集体意识"(collective mind,或译为"集体心理""集体心智")的概念,区分了集体意识和个人意识,而且进一步论述了从集体意识角度考察社会事实的必要性。如果说这种集体意识是心理的,那也无妨,不过这是一种新的心理,不同于个人心理。(从这种意义上说,以及根据这个理由,可以区分集体意识和个人意识,集体意识具有特殊的性质,必须用一个专门术语来表示,因为构成集体意识的状况与构成个人意识的状况是完全不同的。产生这种特殊性是因为这两种意识不是由同样的因素构成的。个人意识来自单独的个人心理组织,集体意识产生于许多个人心理组织的结合和交融,参与这种结合和交融的个人是各不相同的,我们关于社会现象的定义强调了这种区别。)由此可见,不仅要对社会现象进行考察,而且还要对产生这种社会现象的原因进行考察。

在迪尔凯姆的倡导和影响下,法国学术文献呈现出两种相互制约的趋势。其一,社会学家将语言作为一种社会事实纳入其研究领域,并在语言材料的基础上对一些社会学观点和假设进行论证;其二,语言学家用社会学家的一系列原理来对语言的特征进行论证,试图将语言学归类为一门社会科学。正是由于这两个发展趋势,使得社会学向语言学全面渗透。在社会学领域,迪尔凯姆和另一位著名社会学家塔尔德(Gabriel Tarde)之间展开了一场引人注目的争论。迪尔凯姆强调社会意识,塔尔德强调个人意识,但二者的看法有一点是共同的:迪尔凯姆提出把社会科学之内的所有学科都纳入社会学范畴,并对诸如"社会事实"等一系列社会学概念做了学理上的界定;塔尔德公开声称,社会学很容易对语言和语言的结构变化进行阐述。然而还有一些语言学家认为:"社会学如果最后成为一个学科,那么很可能是最有希望对语言学进行取代的学科。"

正是在这样一种社会思潮和学术氛围中,索绪尔提出了他的一系列语言学原则。以索绪尔为代表的早期社会心理学派的语言学家,则把语言看作"社会事实",把语言学看作社会心理学的一部分。他们所说的"社会事实",实际上是指一种集体的或者说社会的心理现象。因此,他们的语言观是社会心理学的。

在社会学方面,迪尔凯姆指出,研究社会学应该对"个人的"和"社会的"进行区分。站在社会学的立场上,迪尔凯姆强调指出,通过教育使人接受的东西,才是社会性的东西,其中包括用来表达思想的符号系统。他明确指出,"语言表达的概念体系是集体活动的产物,这是不争的事实。正是由于语言的存在,才充分说明了整个社会应该采用哪一方式对经验对象加以想象"。

在语言学中,索绪尔不但认为语言本身是一种"社会事实",并且对语言中"社会的"和"个人的"进行了区分,因此得出了"语言""言语"这两个概念。语言这种"社会事实"扎根于人脑中的词汇、语法和语音系统之中,而人的成长则离不开社会,离不开社会交际环境。

索绪尔是从"语言是社会事实"这一出发点开展语言研究的。索绪尔语言观的核心是:语言是有规则的、成系统的社会现象。他所说的"社会现象",不是指语言与社会的关系,也不是指语言所表达的社会文化内涵,而是从社会学的角度来看,或者更确切地说是从社会心理学意义上所说的一种"集体意识"。理解了索绪尔所说的"语言是社会现象"在本质上是指一种"集体意识",就比较容易理解索绪尔语言观发展的脉络。

索绪尔和迪尔凯姆是同时代的学者,而且几乎是同龄人。在语言学界,有人认为,索绪尔的思想受到了迪尔凯姆学说的影响,有人则认为这种看法缺乏充分的根据。我们暂且不论两人之间是否存在相互影响和借鉴的问题,重要的是,他们在各自的学术研究中分别提出了如何认识社会事实和社会现象的一致看法。这说明,他们的思想具有共同之处。这种共同的学术思潮促进了法国社会心理学派的形成。

2. 心理学背景

(1) 弗洛伊德心理学

现代心理学创始人、奥地利心理学家弗洛伊德(Sigmund Freud)的学说,可能对索绪尔的语言理论产生了一定的影响。弗洛伊德提出了"下意识"(the unconscious),即"集体心理(collective psyche)的概念,这种观点认为,人类已经进化出一种潜意识的心理系统。人们在这一心理系统下没有意识的存在,然而它往往对人们的行为进行着支配和控制。

（2）格式塔心理学

19世纪末20世纪初，欧洲学术界兴起的"格式塔心理学"（Gestalt Psychology）或许对索绪尔的语言学思想产生过直接或间接的影响。

格式塔心理学最初形成于德国，它是一种心理学的研究方法，总体上属于认知心理学，也可以称为"心理学的认知观"。格式塔心理学对人类的感知进行了强调，换句话说，也就是意识的整体组织性。

具体而言，当我们对某一对象进行感知时，只能对整体的效果和结构进行体验，并不是对分离的感觉对象进行相加。由此可见，我们所体验到的是音符的整体结构轮廓。

格式塔心理学之前的联想主义认为，一切心理过程都只是各种联想的总和，它们是联想之间可能发生的交互作用的结果。相反，格式塔心理学假设，心理过程是突然生成的一种"完形"。早在1890年，奥地利心理学家埃伦费尔斯（Christian von Ehrenfels）就引入"形象"概念，认为心理反应的特征是许多成分加在一起构成的一个完整结构。心理学界一般公认，"完形"概念最早来源于埃伦费尔斯论述音乐旋律知觉的著作。奥地利科学家、科学史家和科学哲学家恩斯特·马赫（Ernst Mach）在物理学、生理学和心理学领域进行了一系列高超的实验研究和理论探索，并且获得了许多综合性的研究成果。除此之外，马赫也是心理学和生理学许多分支的先驱，同时也是第一个对格式塔性质进行关注的学者。1861年，马赫通过分析视觉对称，已经发展到视觉的完整性。1894年，德国哲学家狄尔泰（Wilhelm Dilthey）在《叙述和分析心理学》中提倡从经验者的整体出发，反对艾宾浩斯（Hermann Ebbinghaus）的分析心理学。这些研究成果为格式塔心理学的建立奠定了哲学和心理学基础。

格式塔心理学的建立还受到自然科学对整体研究趋势加以重视的影响。对于物理学中的"场"理论来说，不仅在一定程度上对生理学产生了影响，而且对格式塔心理学产生了直接性的影响。基于这种思潮，柯勒（Wolfgang Kohler）在1920年撰写的《静止和固定状态中的物理格式塔》一书中，利用物理学的场论，认为人脑也是一个物理系统，并且还具有场的特性，由此可见，知觉与人脑活动是同型的。

1912年，韦特海默（Max Wertheimer）在《关于运动知觉的实验研究》一文中认为，在所有的心理现象中，整体并不是元素的总和，不应该作为一个元素来分析，整体要先于元素，并且对部分起到了决定性作用。上述研究成果，被心理学界公认为是格式塔心理学建立的标志。

索绪尔的"系统"概念，与"区别""对立""价值""实体和形式"等一系列概念有密切的联系。这正体现了他对语言系统性认识的独到之处，特别是"价值"概念，与"语言系统"的理论更是密不可分。可以说语言是一个比较纯粹的价值体系，语言要素的本身不能体现语言符号的价值，而在于体现语言元素之间的关系。任何要素的价值都是由围绕着它的要素决定的。也就是说，价值是由语言单位在系统中受其他单位的制约而产生的，价值的系统就是关系的系统。

索绪尔从符号的意义和声音两个方面，具体分析了一个系统中如何由差别、对立等关系形成价值的情况，并且引出了一个非常重要的论断："语言是形式而不是实质（实体）。"也就是说，语言的价值并不取决于心理实体和声音实体，而是由关系决定的。

索绪尔关于国际象棋、交响乐章的两个著名比喻，生动地说明了语言系统和符号、整体和部分之间的关系，特别是关于交响乐章的比喻，几乎跟格式塔心理学家用来解释格式塔概念的例子完全相同。从深层上看，作为整体的符号由能指和所指两个成分构成，但这两个在心智中形成任意联想的成分，彼此不能独立存在，二者的结合才能创造出价值，才能实现语言的表意功能。

此外，语言系统由具有任意性特点的符号所组成，符号的价值可以在系统中得到确认，也说明语言系统和构成系统的符号之间的关系，可以用整体和部分之间的关系加以解释。

迪尔凯姆、弗洛伊德和索绪尔都是当时具有一流学术水平的学者。迪尔凯姆的社会学、弗洛伊德的心理分析、索绪尔的语言学，在某种意义上都是整体论者，都是建立在否定采用原子主义和实证主义方法解释社会和个人关系基础上的一种新思潮。他们在研究人类行为方面开辟了一条新路。他们认为，人类行为是客观的，然而却与自然科学家研究的物质大不相同。研究人员在自然科学中可以独立分析物质，而不考虑人们的印象或感受。但是，在社会科学中，人们对行为的主观印象是不容忽视的。可以说，在人类的行为中，主观印象是具有社会意义的一个组成部分。

一个行为本身并没有内在的、必然的价值，其社会意义是社会惯例规定的。因此，社会科学并不是仅对社会事实的孤立本身进行研究，而是结合了社会事实和社会意义。换句话说，探讨社会事实的社会功能应该在整个社会行为的框架内进行。

3. 语言学背景

索绪尔的语言理论相当完整且自成体系。这种语言理论的基础不仅是对前人的理论进行反思，而且还对当代语言学家的思想进行反思，不仅体现继承的一面，更有发展和独创的一面。索绪尔身处历史比较语言学占统治地位的时代，并受业于历史比较语言学大师，但他不为历史比较语言学的理论和

第一章 语言与语言学综述

方法所局限。与此同时，他虽然批评历史比较语言学没有抓住语言的本质，忽略了语言共时状态的描写，只是关注历时领域中的一些细节问题，但是作为深受历史比较语言学特别是新语法学派熏陶而成长起来的一代语言学家，索绪尔不可避免地会受到历史比较语言学的影响。

19世纪后半叶，法国语言学家M.布勒阿尔在语义学研究方面颇有造诣，他的名著《语义学探索》被后人视为语义学作为语言学中一门独立分支学科建立的标志。

索绪尔获得博士学位后，从莱比锡来到巴黎，在高等研究学院教授日耳曼比较语法、拉丁语希腊语比较语法、立陶宛语等课程，同时旁听布勒阿尔的课程。因此，布勒阿尔对语言社会性的思考不可能不对索绪尔的语言理论产生影响。

受欧洲历史比较语言学深刻影响的美国语言学家惠特尼（William Dwight Whitney）的学术思想，对索绪尔的语言理论也产生了相当大的影响。惠特尼曾在柏林大学学习，回国后任耶鲁大学教授，最开始教授梵文、法语和德语等课程，之后才侧重于教授比较语言学。他的著作主要包括《语言和语言研究》《语言的生命和成长》。

索绪尔十分赞赏惠特尼的看法，认为他在《语言的生命和成长》一文中通过强调语言的惯例和约定俗成的特征而提出的符号任意性观点，是"把语言学置于它的真正的轴线上"。不过，惠特尼并没有充分意识到这个新角度或者新观念的重要价值和前景，他仍然坚持语言学的任务是追根溯源式的历史研究，目的是解释人们为什么按照现在的方式说话。他贬低共时研究的价值，认为它是语法学家和词典编纂者的任务。

法国学者泰因在一定程度上影响了索绪尔的语言符号学研究。在《论智慧》一书中，泰因专注于对符号的作用进行阐述，他认为利用符号可以对世界进行感知和认识。索绪尔在世时，此书曾多次再版，阿尔斯列夫（Hans Aarsleff）认为，这部著作中包含了"索绪尔符号论中的所有成分"，包括有关物质运动和思维运动"像一页纸的两面"这样的类比。

1870年，库尔特内（Courtenay）在《语言与语言学综述》中指出，应当把作为一切语言总和的人类语言分为两个类别：一类是汇集了所有个人特征的语言，它是潜在的；另一类是人们相互之间交往的语言，它是显在的。在同一篇论文中，他还提出了语言的"动态性"和"静态性"概念，1895年又提出了语言研究具有时间和演化两个观察角度的看法。库尔特内的学生、波兰语言学家克鲁舍夫斯基认为既可以离开时间因素从静态角度（即根据相邻的语音）研究某一时期的语音规则和状况，也可以从动态角度、从时间发展方面对语音变化规律的看法进行相关研究,并且影响了索绪尔区分共时和历时。

从社会学、自然科学和心理学、语言学三个方面概括索绪尔的思想背景,并不意味着抹杀索绪尔语言理论的独创性,而是想说明,索绪尔不仅是一位密切关注当时重要学术思潮和学术热点的语言学家,而且还是前辈、同辈学者思想精华的集大成者和融会贯通者。正因为他的广泛吸收和借鉴,才能够创造出一个崭新而严密的理论体系,才能够超越前人、影响后人。

(二)现代语言学的基本观点

19世纪末,语言学界的语言研究已经达到巅峰,其中,历史比较法被认为是一个比较科学的语言研究方法。语言学在20世纪初,出现了一个很大的转折点,并由此进入语言学的现代发展时期。

索绪尔,不仅是瑞士著名的语言学家,而且也奠定了现代语言学的基础。索绪尔不仅在历史比较语言学领域做出了较大的贡献,而且也在印欧的比较语言学领域做出了较大成就,但在日内瓦大学,索绪尔还开设了"普通语言学"课程,这使他被称为"现代语言学之父"。1913年,索绪尔去世后,根据学生的笔记和他在演讲时留下的稿件,他的两位同事汇编了一本不朽的著作——《普通语言学教程》,该书于1916年出版。

索绪尔主张对语言和言语这两个概念进行区分。他认为语言不仅是一种社会产物,而且也是一种抽象的语法规则系统和词汇系统,存在于人们的意识中,并不属于某个人。他认为言语是口头语言或书面文章,尽管言语是可以直接获取的材料,然而语言仍然应该作为语言学的研究对象。

索绪尔主张对内外部语言学进行区分。虽然他认为社会史和文明史在一定程度上影响了语言的发展,然而并没有对语言的内部系统进行触碰。对内部语言学进行研究并不需要知道语言的发展条件。由此可见,在索绪尔看来,他认为语言学是研究语言内部系统的科学。

此外,索绪尔还主张研究共识性和历时性的区别。在索绪尔之前,人们习惯于对语言的历史纵向追溯,并且从历史的角度出发来对语言现象进行阐释。历时研究也是相对科学的。他认为语言的共时性研究,不仅是一门科学,而且也是静态描述语言,并且可以说更优于历时性研究,因为说话群众很少会考虑到历史的变化。

索绪尔认为语言是语言学研究的对象,同时也是一种形式,但却不是一个实体、一套规则,也不是一种具体的材料。除此之外,规则体系还是固定的。

在现代语言学方面,索绪尔做出的贡献还包括确立了作为一门独立学科的语言学所必须具备的特征。在共时语言学的发展方面，索绪尔做出了重要的贡献，并且也影响了后来的各种理论和流派。

四、当代语言学

美国语言学家乔姆斯基于 20 世纪 50 年代后期，发表了语言学界的《句法结构》，这不仅导致了一场新的革命产生，而且形成了转换生成学派，这一学派产生于美国结构主义学派的土地上，是在挑战结构主义的过程中成长起来的。

乔姆斯基认为，研究语言应注重对人固有的语言能力的探索，语言行为的表面现象不需要简单的观察和描述。结构主义研究语言的目的是对语言进行分类和描述。乔姆斯基认为，学习语言的目的是建立一套形式推理系统和一套有限的语法规则。对于这组规则，它不仅可以生成无限的语法句子，而且还可以对各种句子的语法关系和语义歧义进行解释。

结构主义者从随机收集的句子中对语言进行研究。由于随机收集的是有限的句子，但是句子的数量却是无限的，所以，不可能对所有的句子完全收集起来，因此，语言研究不仅是关于人的言语行为，也是关于人的内在语言能力。这主要是因为人们只有具备语言技能，那么他们就可以对不断产生的新句子进行正确的理解。结构主义在研究方法方面，首先是对语言材料的收集，通过一系列的发现过程，对材料进行分析，发现规律，最后对语言现象进行解释，得出结论。

由于没有办法完全对语言材料进行收集，而从零散的语言材料中得出的规则一定是不完整的，所有的语言现象都是无法解释的。所以，研究语言的方法要采用与研究自然科学一样的方法，换句话说，就是在观察中得出假设，在实践中对假设进行验证，并根据实际情况纠正假设。这一过程重复多次，直到句子结构被正确解释为止。

结构主义接受英国哲学家洛克关于儿童语言习得问题的"白板理论"。洛克认为，人的原始精神状态是一块白板，所有的知识和思想都是后来从经验中获得的。所以，结构主义者认为，儿童的语言是通过反复模仿和记忆作为一种习惯而习得的。乔姆斯基认为：第一，"白板理论"的观点很难解释为什么动物在反复训练后不能对语言进行掌握；第二，不管孩子能模仿多少句子，他们的数量都是有限的。

对于 17 世纪法国哲学家笛卡尔（Rene Descartes）的"天赋观念"，乔姆斯基表示支持。所以，他认为人类大脑天生就有一种"语言习得机制"。一旦这种机制被特定的环境触发，孩子们就会自然地获得某种语言。

乔姆斯基也无法解释为什么具有相同结构的陈述具有非常不同的含义，而结构主义被认为只描述语言结构的表面。对于语言研究来说，不仅要注意表面结构，还要对其深层结构加以注意。

乔姆斯基在发展自己的语言理论的过程中，主张分离语言能力与言语行为。他尝试着通过语言研究来解释一个人的语言能力和心理活动。简而言之，他认为语言学一定是心理学的一个分支。

第二章 认知语言理论及其相关发展

语言学分为理论语言学与应用语言学两个方向，其中理论语言学又分为认知语言学、功能语言学等多个流派，每个流派有着不同的研究方法和研究角度。作为研究的热点，认知语言学近十年来在理论演绎与描写分析方面都取得了很大进展，认知语言学已经成为自然语言分析与研究的一种重要理论，但是目前对认知语言学的本体认识方面还有欠缺。尤其是在我国，由于认知泛化和思维僵化，认知语言学在理论与方法上还远远没有形成一个统一的、稳固的理论系统。

第一节 认知语言学的理论基础

当前流行的语言学理论可以分为两个阵营：形式主义和功能主义。这两个阵营的基本目标都是解释人类语言的普遍现象及其机制。它们之间最明显的差异反映在方法和原则上，而更微妙和深刻的含义则植根于它们的认识论和本体论。可以说，生成语法和认知语言学是这两个阵营的最佳代表。

生成语法的哲学观点在学术界引起了很大的反响，而认知语言学的哲学观点尚未引起足够的重视。因此，弄清楚认知语言学的理论基础对于正确理解这一类型具有重要意义。

当代语言主流学派的一些基本原则和信仰与西方主流哲学和文化传统密不可分。用拉考夫（Lakoff）的话来说，这些想法的核心就是所谓的"客观认知"。其信条可归纳为："所有理性思维都涉及抽象符号的运作，这些符号只能通过与外在事物的对应来获得意义。"

这种客观认知代表了第一代认知科学的基本观点。其具体内容主要包括：
①思维是抽象符号的机械操作。
②心灵是一个抽象的机器，其操作符号的本质在计算机算法上起作用。
③符号（如词汇和心理表征）通过与外部事物联系获得意义，所有意义都具有这一特征。
④对应外部世界的符号是外部现实的内在表征。
⑤虽然抽象符号与任何有机体的特定性质无关，但它们可以与世界上的事物相对应。
⑥由于人类思维使用外在现实的内在表征，心灵是自然的一面镜子，正

确的理性被反映为一面镜子。

⑦人在自己的环境中发挥作用,这与概念的特征和合理性没有多大关系。虽然认知主体可以在概念和先验方式的选择中发挥作用,但它们在决定概念和理性的形成方面并不起基础作用。

⑧思维是抽象的、非实体的,因为它不是对人体、感觉系统和神经系统的有任何限制。

⑨只有机械操纵与外部事物相对应的符号的机器才能进行有意义的思考和推理。

⑩思维是合乎逻辑的,也就是说,思维可以用数学逻辑系统准确地构建其模型,这些系统是抽象的符号系统,它根据符号运算的一般原则和"世界模型"解释这些符号的机制来定义。

虽然这些观点并未被所有认知科学家所接受,但它们仍被广泛传播并成为几乎不言自明的信条。不仅语法产生,而且其他形式的语言理论,甚至结构语言学理论都坚持这样的信条。

虽然基于客观认知的语言学理论众多,但几乎都接受以下基本观点:

①语言是一个自给自足的系统,具有完全的自治性,可以作为一种算法系统。而且它的描述不必考虑更广泛的认知问题,因为语言学已经成为一种类似逻辑和某些数学领域(如自动理论)的形式科学。

②语法不同于词汇和语义,它是一种独立的语言结构,可以描述为自治系统。语法结构的独立性是因为语法范畴是基于形式特征而不是语义特征。演讲者可以根据语法结构来判断它们是否符合规范,而不考虑语义。

③语义属于语言分析的范围,且只能通过基于真实条件的形式逻辑来描述。

也有一些认知语言学家提出了非客观主义的经验现实主义哲学或经验主义哲学,并将其作为自己语言学理论和方法的基础。认知语言学不是语言学的一个分支,而是分析自然语言的方法或学派。它的哲学基础和工作假设与当前语言学理论的主流截然不同。

认知语言学是在上述理论基础和工作假设的前提下形成的新一代语言学派。在这一概念的指导下,它深刻地反映和重新认识了许多语言现象,包括一些传统的语言问题,并提出了新的见解。认知语言学是一种组织,是一种处理和传输信息的工具。就方法论而言,由于它将语言视为一个范畴系统,因此对语言范畴的概念基础和经验基础的分析至关重要。

语言的正式结构不是自主的,而是对一般概念组织、分类原则、处理机制、经验和环境影响的反映。因为认知语言学将语言视为人类所有认知能力的嵌入,所以与此相关的话题是:自然语言分类的结构特征,如典型的认知模型、多义性、心理意象、概念隐喻等；语言组织的功能特征，如象似性与自然性、句法和语义界面；语言使用的经验和语用背景；语言与思维之间的关系。

关于语言共性的起源有两种相反的工作假设：生成投注和认知投注。生成投注意味着大多数语言共性不是一般认知限制的结果，而是语言功能的特殊限制的结果，这是对自主语言机制的特殊限制的结果。因此，自主心理限制的先验假设是合适的。事实上，大多数语言学家和心理学家都做了这个投注。相反，认知语言学家和一些心理学家提出了相反的投注，即认知投注。

所谓的认知投注意味着大多数语言的共性不是语言自治限制的结果，而是一般认知功能限制的结果。因此，语言共性来自一般认知限制的先验假设。认知方法的优势和认知语言学的特殊性的一个方面是认知语言学放弃了投注的产生和认知投注，即认知和语言之间的联系。这也是因为认知语言学接受认知投注，所以它承诺认知。认知的承诺强调语言理论的描述应该吸收其他学科中大量材料的重要性。这种承诺迫使认知语言学家非常重视认知心理学、发展心理学、心理语言学、人类学和神经科学等学科的研究成果。

第二节 认知语言学的内涵和研究对象

一、认知观——语言观

（一）何谓"认知"

认知语言学研究源自一个基本前提：在语言和客观世界之间存在一个中间层次——认知。认知，译自英语中的"cognition"。根据《辞海》，认知就是认识，指人类认识客观事物，获得知识的活动，包括直觉、记忆、学习、言语思维和问题解决等过程。

认知的最简单的定义是知识的习得和使用，它是一个内在的心理过程因而是有目的的、可以控制的。知识的习得和使用牵涉到诸如感知觉、形式、识别、视觉表象、注意、记忆、知识结构、语言、思维、决策、解决问题等心理表征在内心的操作，从"白日做梦"到为了解决问题而进行的抽象思维，都可包括在内。

认知是人脑的一种特殊机能，是运用概念、判断和推理等形式反映客观事物的过程。人类是在不断认识世界、改造世界中进步的，在人类经历的几个社会形态中，都是以人的认识发展及由此产生的生产力发展为标志的。人类认识世界是永无止境的，认识的终止就意味着人类社会的结束。在人类认识发展的长河中，认识总是在不断完善，朝着不断正确的方向进展，逐步走向绝对真理。

认识永无休止,实际上就意味着在静态的某一阶段,人类认识尚有不足,看法依旧有误。因此,认知在不断地追求更加完整正确地理解现实世界。

(二)现实与认知

现实决定认知,认知决定语言。语言反映认知,认知反映现实。不同的语言结构、不同的语义系统,将对人们的认知产生不同的影响。人类语言促进了人类认知的发展,而人类认知的发展决定着人类语言的进步。

认知语言学家最重要的一个观点是:对现实的体验是认知的基础,认知又是语言的基础。他们认为:语言不是直接反映客观世界的,而是有人对客观世界的认知介于其间,即现实→认知→语言。"现实是认知和语言的基础,认知是现实与语言的中介,语言是现实与认知的结果。现实和认知对语言起着决定性作用。"

在新几内亚的语言中,有许多词语无法令人满意地译成英语、法语或俄语,因为这些词语所指的实际动物、植物或习语等在西方文化中无人知晓。词汇量是世界观复杂度的标记,词汇量反映了对世界认识的复杂程度,因为复杂的认知会产生复杂的词汇系统。

例如,印第安语里一般没有脱离具体事物的抽象说法。如果在现实和语言之间没有"认知"这个中介,就不能解释同一物体为什么在同一语言社团和不同语言社团中会有不同的名称。英汉两种语言在很多词语表达和句法表达上的差异,都是由英汉两民族在认知上的差异所致。

(三)认知——语言

认知语言学将语言视为一个非自主的系统。这一观点将语言置于人与环境、人与同类的交往的大背景之下,认为在语言和人类的普遍认知能力之间存在密切的、辩证的关系。语言不是大脑中的一个独立部分,而是认知结构的一个组成部分。

认知语言学以其认知功能对语言进行研究,这里的"认知"指的是我们与世界接触过程中信息结构所起的关键作用。认知语言学视自然语言为组织、加工和传递信息的一种方式。

因此,在认知语言学框架里,语言被看成是世界知识的贮藏所。认知语言学中的"认知"具有特殊的含义,这不仅是因为它的认知承诺,而且更是由于它积极寻找在概念思维、身体经验和语言结构之间的对应关系,以及发现人类认知或概念知识的实际内容。认知和语言是人类进化和发展过程中的两个重要现象和事实,也是人类的重要机能,尤其是语言,它是人类区别于其他物种的最重要的标志。

认知语言学的基本观点认为,"语言主要是人们在对现实世界感知体验的基础上通过认知加工而逐步形成的,是主客观互动的结果。有了互动的概念,就强调了人在认知自然世界过程中可发挥主观能动作用,也就可解释不同人之间为什么会存在认知上的差异、思维上的分歧,不同民族的语言表达为什么会不同。这是由于人类的认知方式不同,概念结构也有差异,所形成的原型、范畴、意象、图式、认知模型等也就存在差异,语言表达也就有了差异。因此,我们的心理绝不可能像镜子一样来反映客观世界,其间必有人的参与,也就会含有一定的主观加工成分"。

语言是一种认知现象,是认知过程所产生的结果。语言是对客观世界认知的结果和产物,语言运用和理解的过程是认知处理的过程。现代语言科学亦已表明在所有人类语言的背后都存在普遍的认知能力。语言不可能与其他诸如解释和推理等认知功能隔离开来。

人对外部世界的认知以语言为中介又通过语言体现出来。斯大林在《马克思主义和语言学问题》一文中曾说过,"不论人的头脑中会产生什么样的思想,以及这些思想什么时候产生,它们只有在语言材料的基础上、在语言的词和句的基础上才能产生和存在。没有语言材料、没有语言的'自然物质'的赤裸裸的思想是不存在的"。由此可见,语言是认知的物质外壳和体现形式,并将认知凝固下来。

(四)认知语言学的语言观

一个人对语言的总体认识就是他的语言观。人们认为语言是怎样的,就会沿着这样的思路来思考,从而形成一种倾向性和定式,并成为语言的研究方法。语言学理论或学派的建立,总是以某种语言观作为指导思想,而某语言观往往也总是某种哲学观的反映。对语言性质的认识就反映了某一语言观,也是某一哲学理论的具体反映。语言有很多性质,不同的语言学派往往强调了语言的不同性质。基于此,不同学派也就有了不同的语言观:

①语言学时期的语言工具观。
②结构主义语言学的语言系统结构观。
③功能语言学的语言社会交际观。
④生成语言学的语言心智观和生成观。
⑤认知语言学的体验认知观。

认知语言学从认知观出发来研究语言,强调从认知过程对语言做出解释,语言系统是各种认知常规的总和,可以被解释为是在不同通道中的激活状态。对语言进行描述和解释时要参照认知域、范畴、图式、脚本、认知模式等描写参量,因为语言知识是不能与百科知识截然分开的。对于语言表征而言,最主要的认知环节是对语义的记忆和利用知识进行语义推导，准确地获得对语言形式的语义解释。

泰勒（Taylor）指出：语言是人类认知的一个组成部分，任何对语言现象的深入分析都是基于人类认知能力的。

因此，认知语言学的目标就是从认知角度对以下问题做出合理解释：掌握一门语言意味着什么？语言是如何被习得的，又是如何被应用的？昔日的语言研究多重视语言形式、结构、内部关系的描写，或强调语言与客观世界的对应，而没有从认知角度将主观与客观结合起来深入解释语言，这是认知语言学不同于其他学派的根本区别之一。

二、认知语言学中的基本假设和基本观点

（一）基本假设

认知语言学的根本点，在于强调语言是以人的切身经验（即体验）为基础的。其假设包括三方面内容：

①语言能力是语言领域常见认知技能的应用。
②语义学是认知过程中世界概念化的明确表示。
③语义的核心概念以图像模式为特征。

认知语言学追求的一个主要目标，是以体验来解释一切，具体说来就是几种认知方法用于为所有语言水平提供统一的解释模型。认知语言学突出表现语义的作用，所以认知语义学是认知语言学的重心，语义这一要素贯穿其理论体系的所有环节。

认知语言学以认知语义学为核心，因此认知语义学有时也可以理解为认知语言学。但是，我们必须考虑语义是否决定语法。当然，语义决定语法的主张可能会被接受，可是这一命题很难经得起逻辑的考验。

（二）基本观点

认知语言学的主要观点可归纳为相互关联的非自治观、非客观主义观、整合观等十几种观点。这些观点彼此包含，难以做出区分。其实，认知语言学从根本上就否定经典范畴理论，否认范畴成员之间有明确的边界。

1. 非自治观

语言不是自主的，对语言的解释必须涉及认知主体的认知过程。语言是体验性的，是一个人一般认知能力的一部分。相应地，语法不是自主的，它也有经验并且基于语义特征。因此，句法、语义和词汇是密切相关的。语法、语义和词汇几乎是同义词。

2. 非客观主义

西方传统的客观主义是以先验性为根本的。认知语言学否定了先验的存在，认为语义不但反映客观现实，而且与人的主观认知紧密联系。它是主客观互动的结果。

3. 象似性辩证观

认知语言学否定了结构语言学、生成语言学等所依据或秉承的语言的随意性，并提出了相反的理论。语言的象似性表明语言不一定，至少不完全是随意的，而是受认知环境（包括人体生理环境、人类认知能力等）和社会环境的限制，这是非常合理的。

语言在声音和意义层面上有更多的任意性，而在其他层面上，尤其是在句法层面上，它有更多的象似性。语法结构不是任意组合无意义的形式，而是代表人类组织的基本经验，即句法象似性。

4. 语言的连续性

语言单位的划分是人为的，它们之间的关系不是离散的，而是模糊的。也就是说，语素、词和句法的语言单位（或层次）构成一个连续体，很难在它们之间划定严格的界限。语言不是自成一体的规则系统，它是语义结构的正常符号。语言结构基于人们在世界上的经验，语言的使用与我们对周围事物和情境的感知紧密相连。

5. 整合观

认知语言学反对结构主义基于组合原则的语义观，认为整个语言组合单位的意义不完全等同于其组成部分意义之和。同样，语义理解依赖于人的认知视角和解释方法。在语义学中，语义是"理解"的问题，而"理解"依赖于"突出"，因此语义也是"突出"的问题。这一观点也同样适用于语篇分析。

6. 构式的组合性

构造语句总结了语法形式如何用于表达特定的概念内容和认知功能。每个语法结构可以被视为管理语言表达的复杂概念的条件。通过堆叠和组合形成语法结构，并且如果它们满足常见条件，则它们可以组合。语法结构规定了一些限制，在这些限制下，其他语法结构可以相互作用。

7. 语言的多义性

词项是音素和单个概念的配对组合。大多数分词具有多重含义，是多义词。大多数时候，这个模糊的术语是概念隐喻限制的结果（概念系统中的跨域映射）。至于语法结构，有许多与语义系统相关的概念，它们构成了辐射的范畴并导致句法模糊。单词和句法是多义的，所以语言也是多义的。

8. 语言能力和语言普遍性

这一问题涉及面广，可分为以下六点。

①语言能力本质上被视为一种神经学技能，它将负责概念和认知功能（注意力、记忆力、信息流）的大脑部分与表达部分（音素形式、符号语言中的符号等）联系起来。所谓的语法就是识别主语符号概念的能力。语法的局限性不仅仅是对抽象形式的限制，还包括对神经和身体经验的限制。分类有一种径向趋势，是分级的，这种情况下的各种限制是自然的。

②语言结构从出生就植根于物理体验，因此基本语法和语法结构下的语言结构源于经验结构。

③句法范畴由概念范畴驱动，概念结构源于人类体验的本质，没有完全独立于意义和认知的句法。

④语法结构是复杂概念类别与认知功能及其表达之间的配对连接。

⑤由于语言能力是用来表达概念和认知功能的，因此可以用语言表达的概念范围是人类语言能力的一部分。

⑥普遍的语法现象是指形式与内容配对中的普遍现象。

9. 先天性

认知语言学的先天性质是生物学而非形而上学。从神经学和认知学的角度来看，大多数语言都使用非纯语言能力。由于我们的概念系统在很大程度上是从感知—动觉系统发展起来的，我们必须确定感知—动觉系统有多大比例是先天性的。

10. 原型范畴理论

认知语言学否认经典范畴理论，而代之以原型范畴理论，其基本点可概述如下：

①模糊性。

②多值性。

③综合性。

④有互动性。

⑤范畴边界模糊。

⑥成员的地位是不平等的，但是以家庭相似性、原型和成员资格的形式存在。

⑦特征不是最基本的元素，部分特征还可再分解。

⑧属性是后天习得的，可以用建构论进行解释。

⑨不同的功能，如合成功能和语义功能，因语言而异。

⑩特征不是抽象的，它与物质世界有直接的关系，它也可以是一个实体，

它是有形的、互动的且具有功能性。

11. 认知隐含

认知隐含包含四种基本方法：组合、区分、概念形成和关联，其中包括找到某些对象的共同属性的所谓组合，而关联则是链接相关对象。

12. 语法化

语法研究表明，语言不是一个自由的系统，它与人们的认知能力、隐喻规则、学科理论和图标密切相关。

13. 理想化认知模式

拉考夫提出了一种理想的认知模式概念（ICM）。这是一种语言结构，代表了发言者的概念知识，包括他们的语义知识。拉考夫将理想的认知模式分为四类：图像方案、命题、隐喻和转喻，并将转喻视为原型效应。

14. 象征性

语法结构的内在本质是象征性的，它以语言结构模仿实际状态的方式表现出来。语言结构包括语音结构、语义结构和语音结构与语义结构之间的象征关系。象征单位、语音单位和语义单位可以组成纵向等级关系，即图式和事例的关系。图式—事例关系，可以同等地应用于语音、语义和象征单位。

认知语言学一直强调意义的作用。它强调意义是一种心理现象，认为语言形式的意义不能在语言系统的聚合和关系的组合中找到，自然语言的语义比基于各种逻辑模型的语义丰富得多，因为意义是一种植根于说话者知识和信仰的认知结构。

在此基础上，语言形式的含义只能用说话者的背景知识来解释。理解语言形式的含义必须刺激相关认知领域的其他认知结构。这种对语义的认识确实具有积极意义，不过经验并非人类知识的全部，而且任何经验都包含着先验因素。

三、对认知语法的逻辑探寻

认知语法和生成语法之间的区别在于前者是全面的，后者是纯粹的，而基本的差异是语义和句法之间的关系。如上所述，所谓的综合认知语法结合了认知语言学的各个方面，包括分类语言和原型理论，隐喻概念和图像模式，象似性和语法化，以及认知语言的理论推理。生成语法不仅仅是语法和句法语法，而是最大限度地停止非语法元素，所谓的语义不是世界的语义，而是"由语法结构决定的意义的部分表达"，即"逻辑式"。

所谓真值语义学，其实只是秉承逻辑实证主义的形式派的研究对象和分析方法，而在乔姆斯基的句法系统中，如前所言，是不起作用的。简单来说，语法生成基于从开始到结束的语义，同时认为语义和语法是相关的，独立的模块和语法是由语义决定的。

兰盖克（Langacker）于1987年发表的《认知语法基础》可以看作认知语法的代表。作为对生成语法的反动，认知语法的语言观自然还是以语义为中心的，也就是句法乃至语言都是由语义所驱动的。认知语法与认知语言学的观点是统一的，我们且以生成句法为参照点简述其主要观点。

①从共同语言的角度来看，语言认知系统是有机认知的一部分。因此，语言描述必须涉及人类认知过程。

②从特定的句法角度来看，语法不是一个自由的规则体系，而是一个语义结构符号。语法本质上是符号的，因为语言组件具有概念内容和语音输入。

③语言是一种约定系统，语义是语言的基础。

因此，在兰盖克看来，语言甚至句法的基础是语义，语义结构是人类面对世界的认知结构。这是一个开放的知识体系。所以，句法以及语言便不可能是自足的。语言既然不是自足的，那么对语法单位的分析便不能离开其语义结构。

语法和语义的不可分离性将不可避免地导致语言现象没有定义明确或模糊的问题，有的只是层次问题。具体而言，语法和词汇是原子的，词素、单词和语法构成一系列符号系统。从这个角度来看，所谓的语言单位和水平仅仅是人为划分的。

从共时的角度来看，语法确实是一个独立的系统。原因很简单：句子是否符合语法并不取决于语义，而语义必须由语法控制。最终，词类只能是语法概念，不能基于语义。

构式语法框架下的自然语言显得既弥散又机械。所谓弥散，是说对语言的分析没有客观的标准；所谓机械，是说语言不是一个由有限到无限的生成系统，没有运算，没有推导，而另一方面构式语法也没给语言形式与意义之间的关系留下任何空间。语言就只能因世界和理解的变化而产生无穷的构式。

为说明形式意义一对一的关系，兰盖克提出了活动区理论，并以下例说明：

a. I found the bed to be comfortable.

b. I found the bed comfortable.

c. I found that the bed was comfortable.

兰盖克认为以上三句是三个不同的构式，表达了三种不同的意义。如果说这是三种不同的构式我们可以最低限度地同意。所谓最低限度，就是根本不计较这些句子是否具有以离散性、层级性、递归性为特征的组合性，而只承认这些句子之间不存在转换关系。但是，这些所谓的构式是否表达不同的意义却是值得质疑的。

兰盖克想强调这三句话在意义上的差别，那么试问：这些句子在意义上有什么差别呢？如果一定说有差别，那么我们要说这种差别是识解的，试验结果将是因人而异的。再说，这所谓的差别在信息传递过程中是要被忽略掉的。据此，我们认为这三种不同的构式或句式实际上表达同一意义，即同样的语义内容。

这在语言应用上属于体现关系，即一个意义用不同的形式来表征。实际上，在任何语言单元中，即使它是一个孤立的单词，人们也无法以同样的方式完全理解它，即体现为因人而异的识解。可见，在不确定的理解与确定的意义本身之间画上等号，也是违背同一律的——这是我们借鉴认知语言学的理论与方法时应该注意的逻辑问题。

第三节 认知语言理论的定位

认知语言学的研究取向自然是值得肯定的，其对语言规律的揭示便于我们在高层次的理论建构中合理地纳入认知因素，在语言教学和词典编纂中整理和利用语言中表现或蕴藏的认知价值。

但是，以一种取向否定另一种取向是不足取的，而且其自身的理论取向也需要在更多的参照系下进行审慎考察——在它挖掘认知价值的同时也有可能形成新的遮蔽，比如对语言逻辑的离散性、层级性、递归性的遮蔽。

很多语言学科的研究对象都只是客体，而认知语言学把存在于人这一既是客体又是主体的成分纳入语言研究中。对语言形成和理解的经验解释是一种有益的尝试，尤其是概念的形成、词汇化生成、意义的推导，甚至意义的创造也是非常具有说明性的。

然而，主观因素很重要，但它们应该做得恰到好处，它们必须有条件和限制，不能被夸大。这样做主要是基于两个原因。首先，语言的起源和发展不能成为外在因素。如果是这种情况，那么句法语言和语义之间的关系将无法分离，正如认知语言学所证明的那样。认知语言学否认句法语义的不可分离性，但它又不得不承认句法和语义不是一个概念，所以其本身是矛盾的。这种否认和承认似乎是辩证的，但我们无法从逻辑上验证它。其次，由于主观因素，语义肯定不是固定的，但它们的不确定性是相对的，因为语义有其客观的一面，甚至语义理解也不是完全随意的。

不确定性的结论是片面的——不确定性仅限于内容而不是扩展。在上述两点的基础上，我们可以得出以下结论：如果我们夸大主观性而忽视客观性，夸大外部原因而忽视内在原因，那么对于语义的理解无疑是局部的，甚至是逆转的。

要从事科学研究，遵守相同的逻辑规律是非常重要的。语义对语言很重要，但它最终不等于语言而且没有同一性。

①从共时的角度来看，语言是具有其内在逻辑的表征系统的集合，语义也受其限制。认知语言学是基于经验对语言的驱动力和语言形式内容的自我强调。

②从历时角度看，尽管我们接受语义驱动的观点，但认知语言学很难完全解释语言之间的主要差异。例如，在人类认知模式的情况下，人类语言是具有多种意义和含义的组合，并且每种个体语言具有其自己的特殊规律和不同的规则组合。

③语义和语法是共生关系，没有顺序，所以如果确定一方将决定另一方会是一个循环论证，那么用一个假设就不可能实现推翻另一个假设的目标。

认知语言学的方法论是否更可取呢？归纳固然重要，但由于归纳的不可穷尽性，理论的设定不能不以演绎逻辑为基础——演绎推理规定着归纳活动的目的和方向。与此相应，认知语言学强调语义在语言中的主导作用，并将其视为句法的动机。它将人类的认知能力与语言研究紧密结合在一起。在这一点上，它似乎只关注传统的语言类型。

但是，我们也可以将这一进展理解为倒退，因为就其方法而言，它又回归到模糊的文学范式。具体说来，它没能悬置非语言因素，词汇和语义的研究都比较含混。当然，在当前的学术术语中，认知语言学不再与传统文学相提并论。但它有必要采用更多的参照系，虽然以泛时视角能够说明语言的表征特点和规律，但仅此并不能颠覆语言的共时系统。此外，语言中涉及许多因素，但如果没有按照逻辑层次进行组织，并且适当地中断不相关的因素，便有悖于科学研究的理想化方法。其实，若没有悬置法则，便不可能产生科学或专业。

认知语言学派与转换生成学派都以发展普通语言学为根本指向，都想建立自己的理论体系，但是，强调一种形式的语义和持久性。它们似乎不一致且未经调整。事实上，形式与语义之间的关系并不是不相容的。它们是对立的、统一的、相互依存的和互动的，但研究者必须澄清各自理论的范围和相互作用。

乔姆斯基坚持本质理论和预先配置，特别强调反映人类语言本质和生产性质的句法机制。虽然认知语言学的经验解释更具心理现实性，但不管怎么样都难以解决其自身的矛盾。乔姆斯基突出先验性以及根源于此的句法自主性，但他并不否认经验的作用。

他认为语言设计中最重要的三个要素之一就是经验。此外，他并没有排除使用语言的主观因素和环境因素，但他会尽可能地删除他认为与研究无关的内容，或者不是必要和充分的条件。

辩证唯物主义认为，世界是由运动的客观现实构成的，而人类对客观实在的认识具有能动性，即人类可以通过感性知识实现对事物的理性理解，也就是对其内在规律的认识。

语言也可以在主观和客观的相互作用中形成，但语言仅存于既是主体又是客体的人类中，而在其他物种中则不存在。我们非常关注其他物种的"语言"可能性，但他们的语言如何运作仍然是一个谜。也许对我们来说最令人困惑的是我们自己。人类语言似乎是自然设计的密码，其解密过程真的很难并且充满了变数。

然而，尽管这种语言具有强大的生成机制，输出语言无限变化，并且它是短暂的，但我们可以将其定格，垂直切割并发现真正不存在的内容，如虚成分、空语类，从而超越错综复杂的参数系统对人类语言进行统一的解释。

认知语言学强调认知主体与客观世界的互动，只有这样我们才能真正把握我们生于斯长于斯贡献于斯的世界。但是认知语言学却否认认知主体具有先验因素。我们认为主客互动是哲学与科学的亮点，但它不应是否定先验性、经典范畴理论、模块论等的必然根据。以下，我们就以主客互动来模拟一下语法模块性的形成。

如果人类在与客观世界互动中发明了初始语言，那么我们可以合理推断：人类通过抽象概括而逐渐总结出语法，正如人能够从一个苹果加一个苹果等于两个苹果中抽象出数学式"1+1=2"一样。不过，语法比数学复杂，因为"1+1=2"映现的是苹果之类的实物而语言的句法系统可能不存在这种意义上的映现。

其一，语法标记系统不是现实世界而是语法本身，每种语言的语法系统与另一个系统有很大的参数差异，语言之间的参数差异是无法比拟的，并且人类语法参数被分散。

其二，一旦语法产生，它就会抵消语言的使用，从而加深人类世界的象征色彩。与语言和现实世界相关且独立的辩证法贯穿于人类语言，如果这是真的，语法是一个独立的逻辑系统，比数学更复杂，独立于世界。由于语法是独立的，我们可以像对数学进行独立研究一样对语法系统进行独立研究。

我们大多只能给出宏观的、以点代面的评述。可是在理论建构和各个层面的应用中还存在很多问题：

①理据与意义是一回事吗？理据与意义的联系是必然的吗？

②是语义驱动句法，还是语义依靠句法来组织和传达？

③语言中有没有词类？若有，语义能否作为划分词类的标准？

④为什么语法结构因语言不同而呈现出较大乃至巨大的差异？

⑤隐喻能不能构成语言的充要条件？隐喻在语言系统中发挥什么作用？

⑥语言有没有隐形于现象下面的深层逻辑？这逻辑会不会因语言不同而有所变化？

⑦语言与语言的理解是一回事吗？我们能根据语言的理解而得出关于语言本身的结论吗？

⑧语言的单位和级阶在逻辑上是分明的吗？或者从根本上说有没有单位和级阶呢？你的结论能否得到相关理论的支持？

⑨语言的历时研究能说明语言共时系统的特征吗？历时与共时相交对我们的符号系统具有什么根本性的意义？

⑩语法化能说明语法的结构和起因吗？语法化与语法的关系是什么？语法化在哪些层面上起作用？

以上的问题，是我们探寻语言本质、语言机制等问题所必须思考的。

第四节　语言与认知

认知语言学基于认知心理学，认知心理学的基本概念是认知。在讨论认知语言学之前，有必要轻松探索"认知"的含义。

"cognition"源于拉丁语"cognitio"，指的是获得知识或学习的过程。《朗文现代英汉双解词典》的解释是：

The act or action of knowing, including consciousness of things and judgment about them.

认知心理学家 J.H. 弗拉维尔反对给认知以明确的定义，理由是认知具有复杂性和不稳定性。弗拉维尔列举的认知心理学观点包括：皮亚杰理论、新皮亚杰主义、信息加工观、生物限制观、理论发展观、动态系统观、社会文化观。

如果把不同的观点综合起来，可以这样来描述：认知是一系列心理过程，大脑通过感觉、感知、知识表征、概念形成、分类和思维来处理、组织、储存、编码和解码关于客观事物及其关系的信息。在这个过程中，人们的身体结构、身体经验和知觉，如观察、选择和注意，对概念和知识的组织有一定的影响。

第二章 认知语言理论及其相关发展

这些影响主要体现为图式组织、心理意向、转喻等结构模式。

在高级生物的长期进化过程中,它们被赋予了不同的感知方式,如视觉、听觉、嗅觉、味觉、触觉和疼痛,也称为情态。这些模式是大脑与外部环境交流信息的接口和途径。在"物的自然选择和适者生存"的残酷过程中,多模态感知是一种生死抉择。在这些模式的相互作用下,生物体可以快速可靠地选择和响应环境。在认知过程中,人类根据经验来处理和再造外部信息。

这些现象表明,在信息的获取和处理过程中,外部信息不会完整地进入我们的大脑。大脑根据经验,对外界信息进行了一系列的对比、加工和改造。认知既然与心理有关,那么认知语言学的创立,自然就要依赖于心理学的发展和进步。

20世纪早期,格式塔心理学对知觉研究取得了重大突破。一些认知心理学家认为语言学习涉及一般的认知发展。语言只是儿童认识整个世界的一个方面。因此用于解释其他领域的认知原则,也同样有助于我们对儿童掌握语言做出解释。这些心理学方面的研究成果为认知语言学提供了宝贵的理论依据。

皮亚杰的儿童思维心理学研究取得了长足进步。他关于守恒、类包含、传递性推理、具体和形式逻辑运算思维、观点选择等课题的研究,今天仍然被广泛讨论。皮亚杰的理论对语言习得的认知基础提供了新的观点。

首先,符号的表征功能,相互替换的能力,是语言的前提。表征的能力不是自然的,而是婴儿时期发展的成就。它的出现使词的使用以及客体永久性、延迟模仿、符号游戏等成为可能。

儿童谈论他们所知的内容,而且他们的所知是他们在两年的感知运动发展期间所掌握的。在语言产生的单词语阶段,已经证实了许多这种认知——语言关系的存在。

1967年,美国心理学家奈塞尔(Neisser)把认知心理学分为视觉认知和听觉认知以及思维认知。外部世界的物理能量和信息必须首先转换成神经能量模式,这是认知加工的基础。认知活动涵盖心理过程的整个过程,包括信息检索、模式识别、注意力、记忆及其结构、学习策略、知识表征、概念形成和语言规则的习得。

20世纪末,以信息加工为研究方向的认知心理学吸收了经验联想主义和多功能系统理论,并且以计算机作为人的认知心理机制模型。奈塞尔认为,认知是指通过感官输入改变、简化、处理、存储、恢复和使用信息的整个过程。

认知活动是个体选择、转换、操作和使用从环境当中得到的信息,并且利用大脑中的知识与经验来认识和解决所面临的特定问题的过程。这种观点关注和研究如何获得知识经验;知识与经验以什么样的结构形式存储于大脑之中，如何表征知识；知识与经验如何与外界信息相互作用来解决新的问题。

"竞争模型"理论（competition model）从信息加工的角度对语言发展做出解释。该理论首先强调语言的功能方面。语言的发展是出于各种语用目的，最终通过语言实现的结构（例如所发现的不同类型的句子）反映这些功能的起源。

其次，当语言执行其功能时，它需要同时处理和表征不同的信息。它必须处理控制用来表达演员和行为的词的选择的词汇信息、决定这些词如何发音的语音信息、决定这些词的顺序的语法信息以及过去式和结束式的选择。信息加工理论强调构成认知活动基础和过程的多重性，以及许多过程同时执行的并行加工。

在语言的使用过程中，往往面临着选择上的竞争。例如，"run"以 -ed 结尾的过去式形式可能与"ran"竞争；"一次"可能与"一趟"竞争。在任何特定语境，儿童过去的经验将给予这些不同的可能性以不同的激活强度，挑选出来的可能是强度最大的语言形式。当儿童的经验导致激活强度发生变化时，就产生了发展。言语输入的许多不同方面，可能在引导这种变化当中起重要作用，包括某种提示的可能性、提示的可觉察性以及这种提示在表示所感兴趣的语言形式方面的可靠性。

显然，无论是知识与经验的获得还是存储、表征，都涉及语言符号。具体地说，研究认知心理学，必然涉及知识和经验的获得还是存储、表征，而知识和经验的获得和存储、表征，必然涉及语言符号的问题。语言符号积极参与了知识和经验的获得、存储、表征过程。认知模式往往以语言符号的形式为范式固定下来。

上述心理学研究成果，是催化认知语言学产生的外部条件。认知语言学继承和发展了经验联想心理学的研究成果，吸收了皮亚杰的相互作用理论，充分证实了人类生理基础和经验对认知的影响，认为思维与物理经验紧密相连。身体与客观世界之间重复互动和接触形成的经验构成了认知的基础。

认知以身体经验为基础扩展到抽象的思维。认知并非像白板一样简单地、被动地映照客观世界，而是以身体经验特有的方式重新组织来自外部世界的信息。基本范畴和动觉图式是身体直接作用于客观世界形成的基本认知结构，这些基本的认知结构借助于隐喻、转喻等方式扩展出其他概念和范畴。

根据图形—背景分离原则，视觉和听觉倾向于把信息分为图形和背景两部分。图形和背景在不同意象图式当中有不同的体现形式。根据我们的观察，在"容器"意象图式的"包含—被包容"关系中，容器往往被看作背景，里面的事物被看作图形；在重力场意象图式的支撑与被支撑关系中，支撑物是背景，被支撑物容易被看作图形；在表示运动的路径意象图式当中，移动者倾向于充当图形，静止的事物倾向于充当背景。

在语言当中，同样也遵循这一原则。空间介词往往可以透露出"图形—背景"关系。就桌子和屋子的空间关系看，"桌子"和"屋子"构成了"包含—被包容"的"容器"关系，而容器往往看作背景，里面的事物看作图形。根据这一认知原理，屋子充当桌子的参照背景，桌子充当图形符合一般的认知原理，而不能相反。桌子和屋子之间的认知功能和角色既然确定，在语言当中介词短语"在……里"和"在……外面"对图形和背景的句法位置有特定的限制：图形在前，背景在后。因此"桌子在屋子里"和"桌子在屋子外面"都把"屋子"当作背景，都合格。而"屋子在桌子外面"当中桌子被当作参照背景，违背了认知法则，不能成立。可见，"屋子在桌子外面"不能成立，是因为不符合认知原理，而跟句法结构没有直接关系。

上面的例子证明，认知是决定认知能否从正面和负面两方面建立语言结构的因素之一。虽然认知限制了语言组织，但语言不是包容性的认知容器，语言对认知的推演过程有一定的引导和提示作用。

根据斯珀伯（Sperber）和威尔逊（Wilson）的观点，言语交际的过程是认知的过程。事实上，在理解话语的过程中，人们总是根据已知的有限信息激活和动员相关的储备信息。人们利用这些相关的储备信息和未来涉及的信息积极发展假设和衍生物。随着话语的逐步发展，人们根据新证据推断先前的误差，直到认知内容完全符合客观情况。

关联理论认为认知活动总是以最小的投入达到最大的认知效果。为此，人们把注意力集中于最为相关的信息。以最小的努力利用有限的信息激活信息储备，建立最多的推导信息。在信息储备的基础上，少量甚至不完整的信息被处理以获得符合经验和传统知识的信息。推导出的符合经验和常规知识的信息往往是虚拟的，虽然常常不符合事实，但是效率高。

沃尔夫假说的一个经典例子是，"空煤气桶"的提示语误导人们认为空煤气桶没有危险，结果酿成大祸。"空煤气桶"之所以能够产生误导效果，既有语言内部的因素，又有语言外部的因素。从深层角度看，反映了语言和认知之间错综复杂的互参互动关系。

"空煤气桶"的"空"吸引了我们的注意力，解除了"危险"的警戒。"空"给我们以错觉，好像桶里面没有任何危险气体，而实际情况正好相反。如果没有出现"空"的字眼，"煤气桶"则会激活相关的储备信息，暗示我们有发生爆炸的危险。我们凭借"空煤气桶"的"空"建立起了一个偏离客观实际情况的"空煤气桶"等于"安全"的虚拟认知模式。这一虚拟认知模式是从语言符号推演出来的，没有经过实际验证。但是我们头脑中又有多少知识和信息是经过了客观实际的验证的呢？我们的大部分知识是来自语言的提示和引导。

从语言的提示和引导来看，语言当中的"空"是指容器中没有特定的装载物，如水、油、煤气等。至于空气则不会被当作特定的装载物看待，一是因为空气看不见、摸不着，不显著，二是因为空气无处不在、无孔不入，因此空气在一般在容器当中往往是被忽略的装载物。即使容器当中充满了空气，也仍然认为该容器是"空"的。

至于容器当中有空气和其他少量易燃气体的混合气体，由于人们看不见它们，引不起应有的注意，其危险特征不那么显著，也不会引起人的警觉。也就是说，语言符号"空"诱导人们没有在"空煤气桶"和爆炸之间建立起足够联系。从言语行为的功能来看，"空煤气桶"暗中撤销了安全隐患"警告"的行为，而在无形当中换上了"安全"的标签。

从语言外部角度看，在缺乏专业经验和安全意识的人看来，典型的易爆炸物品莫过于装满炸药或装满汽油、煤气的容器。这一经验和判断是对日常生活中大多数典型爆炸案例的概括而得出来的基本经验，在无形当中形成了一个关于易爆物品的原型，当然这一原型在大多数情况下是符合常规的。

这个例子清楚地说明了语言与认知之间的内在联系。一方面，认知阻碍了语言组织的结构；另一方面，语言符号具有线索的功能，限制了认知的方向和结论的方向，语言可以指导认知与客观世界相适应，也可以误导对客观世界的认知。

上述例子说明，人们对于"空煤气桶"的认识的偏差既有来自客观方面的影响，也有来自认知的影响。人们并非按照客观事物的本来面目来组织认知结构，而是倾向于借助语言符号来建立认知世界，想当然地把"空煤气桶"与"安全"联系起来。"空煤气桶"与"安全"之间的联系在客观世界是不存在的，它是通过语言符号"空"建立起来的。

尽管如此，还是不能过分夸大语言对认知的作用。虽然语言与认知之间的影响是双向的，但是语言对认知的影响作用毕竟是有限的。同时也不能过分夸大认知对语言的制约而在认知模式跟语言结构之间画上等号。认知至上的观点和句法自主论都是片面的。把语言跟认知方式等同起来的简单化处理方式，是不符合客观事实的。

心理学研究已经证明，认知是基于外在事物对感官的感知。人类的感觉方式和认知特征虽然总体上一致，但是在对具体现象的观察和描述过程中所采取的认知策略和语言表达方式，则不一定保持完全一致。这就造成不同语言之间对于某一现象的表达形式在一致当中有不一致、不一致当中又有一致的局面。

语言是一个多维的开放系统。除认知外，限制语言的因素还包括社会和文化因素。如果把语言看作是一个函数，那么影响这个函数的变量有认知、社会、文化传统，还有历时因素。不同民族的生活环境差异将不可避免地渗透到文化体系中，影响观察和认知的方式。

而客观事物自身表现为复杂的多维结构，呈现出多个侧面。不同文化环境当中的不同民族，虽然具有相同的生理基础和认知能力，但是在具体的观察过程当中，可能侧重于关注事物的某个方面和视角不尽相同，所采用的描写手段（一个词还是短语）有所不同。这样不同语言之间就呈现出在一致当中有不一致、无规律当中呈现出有规律的局面。

语言与认知和客观事物之间的关系是复杂的，认知世界并不等同于客观世界。认知有其不同于客观世界的独特的结构法则，认知结构特征与语言的结构面貌之间存在复杂的关系。

认知语言学的基本假设是语言不直接反映外部世界，它们是人们理解世界的中介。由认知规律支配或管理的语言结构水平是认知语言学领域中的一个问题。由于语义和概念与认知不可分割，此类研究特别关注形式与意义之间的对应关系，不仅包括语义特征，还包括对事物、图像、方案等的观察。

第三章 认知视角下的语义学研究

语义学是英语语言学的一个重要分支，是主要研究词语和句子意义的一门学科，掌握语义学对于更好、更深入地理解和学习语言十分有利。语义学是一门古老而又年轻的学科。说它古老，是因为从古代开始，人们就对语言意义的本质发生了兴趣。例如，古希腊哲学家们对"规约论"和"自然论"的争论，中国古代的"名"与"实"之争等，都可以认为是对语言意义问题的最早关注。

第一节 语义与语义学

一、语义研究的背景

语言学的概念化过程在不同语系的语言之间，甚至同一语系的语言之间存在着极大差异。这种差异表现在语言体系结构的所有方面，如词汇学、形态学、句法学甚至于音位学中的语气和语调等。认知语言学认为语言的意义不等于传统的结构主义所说的真值条件，而等于认知操作，即用约定俗成的意象来诠释客观世界，句法体现约定俗成的认知意象。

在认知语言学家看来，句法的抽象形式原则的参数并不是天赋的，而是跟不同文化认知和把握客观现实的认知过程相关联。譬如，戴浩一指出，英语里面的 at、on、in、above、below、between 等空间前置词比汉语中的对应词要抽象些。英语空间前置词 at、on、in 是分别代表一维、两维、三维空间关系的抽象符号，汉语则用"在"指出客体的存在，同时通过整体—部分的图式来谈论空间关系。

由此，从认知语言学的角度来看，英语和汉语使用不同的系统来表达空间关系，这样的分析和以往语言学只注意语言系统本身而忽视语言对现实的认知表达的分析是截然不同的。

认知语言学认为，意义属于认知结构，一般说来我们只有在其对应的认知结构中才能理解一个语言形式的意义。语义结构并非直接等同于客观的外在世界的结构，而是与人在与客观现实互动的过程中形成的身体经验、认知策略乃至文化规约等密切相关的概念结构相对应，因而，认知语言学中的语义涉及范畴化理论、隐喻系统、意象图式、句法相似性等多个方面的研究。

以下主要探讨跨语语义差异的有关问题。我们将定位和分析语义差异的表现特点并探讨与语义差异有关的文化关联方法。关于跨语语义差异的一个核心的关键性问题是，语言概念化过程中的差异在语言（语言使用—语言产生与理解）和思维中发挥着什么样的作用，是至关重要还是无足轻重？

有的学者认为语言在思维中起着至关重要的作用，另外一些学者则认为语言对于思维的作用是有限的。这两种观点都有自己的倡导者和支持者，第一种观点是所谓语言相对论，其极端形式是语言决定论；第二种观点即所谓（语言）普遍论，认为全世界的所有民族都是以基本相同的方式进行思维的。

随着认知语义学研究的深化，人们越来越认可这样一个介于两者之间的妥协性观点：大多数语言的概念的确是语言具体性的，但也还有少量的具有普遍性的语言学概念出现在所有语言之中。这些普遍的语言学概念可以作为基础观点来解释或释义世界上的语言中所大量存在着的语言具体性和文化具体性概念。

我们将首先运用这一点来解释词汇概念，然后解释语法概念，最后解释关于行为的文化规范及准则，正是这些文化规范及准则构成了不同文化中人们行为的基础，并制约着人们的行为方式。

语言是文化历史的构成部分，体现文化历史的传统，是文化系统中特定文化精神在探索自然规律中的体现，人类在探索自然、认识自然的过程中，不断地丰富着自己的认知系统，增长着自己的认知能力，而这些都在语言中反映出来。语义学的研究必然要探讨待定的心理文化中的认知特点及其在语言中的反映，通过语言来研究文化。语言由文化养育而成，并制约着人类的认知，包括认知方式和认知结构。

人对世界的认知以语言为中介，又通过语言体现出来。可见，语言与文化历史密不可分。语言中语义特征体现了特定文化中形成的特定的认知，由文化塑造而又反映文化的语言也会随着文化的不断发展而处于经常性的发展变化中，语言是文化的重要表现形式，它贮存着一个民族历史发展过程中创造和积累的各种文化知识。一个民族的思想、心理、习俗等特点会在语言中得到体现。

在一定意义上，人类的认知是以抽象的概念形式表现出来的，人类的认知离不开语言，人类通过概念来构思、表达和交流，并把认知成果固定下来。笛卡尔认为，人类理性就表现在只有人类才有语言这一点上。因此，从语言去分析人类的认知是认知语义学的特点之一。

认知语言学认为一个词汇项目的多义构成并集或重叠范畴，每一个表达都向我们提供了通向大量概念及概念复合体的通道。所引起的概念的全集（即矩阵)作为一个表达的意义的部分(即它的认知域),多义集合的意义是整体矩阵的概念网络和它们的认知域,单个意义不能和它们的图式结构分开来。

和传统语言学不同,认知语言学认为词汇意义是整个知识库的通达节点,而且知识库是动态性的,因此,从认知的角度看,多义是认可和目标结构之间部分图式化的结果,这一观点强烈反对将词汇和句法、语义和语用截然分开。多义、模糊和歧义构成一个多意义渐变群。

二、语义与语义中心观

在认知语言学中,语义是一种心理现象、认知结构,它并不反映客观实体,而是等同于概念化,即心理实验的各种结构和认知过程,而不是可能世界中的真值条件。具体地说,语义存在于人类对世界的识解中,它在本质上具有主体性,体现了以人类为宇宙中心的思想,反映了主导的文化内涵、具体文化的交往方式以及世界的特征。

对认知语言学家来讲,所有语言结构都是符号工具,不管是最小的词素还是复杂的结构,都可用来传达意义。语义中心观与语言理据性密切相关。我们知道,有理据的知识记忆与使用要比没有理据容易。认知语言学的语义中心观实际上就是强调语言的理据性。认知语言学认为语言形式与意义之间不是任意的关系,而是有内在联系的或者说是有理据的。

意义问题是当今人文科学研究的核心问题。对人类而言,人类世界从本质上讲就是意义的世界。一个没有意义的世界,绝对不是一个"人"的世界。语言是人类认知能力的一种体现,语义是认知语言学研究的焦点,这已成为认知语言学家的共识。

认知语言学以语言所传达的语义为起点,并以语义贯穿始终。认知语言学之所以将语义放在重中之重的位置,是因为它认为,如果语言的主要功能是范畴化,那么意义必将是最主要的语言现象。

(一) 概念、概念化、概念结构

认知语言学认为语言的意义来自人的概念化的过程。意义就是概念的形成。概念就是我们头脑中形成的对客观事物的想法和信念,是头脑中对客观事物的知识系统,包括人类概念系统中概念的组织方式等。概念化既指人们头脑中已经约定俗成的概念,也包括即时形成的概念。也就是说,概念化既是结果又是过程。兰盖克把概念结构等同于概念化,认为概念化由语义内容和识解能力两部分组成。概念结构是指我们在头脑中存在的对客观事物的相对稳固的知识体系。认知语言学的研究认为,概念结构有很多模式:语域、认知模式、意象图式、映射、心理空间等。

（二）语义是概念化的

语义是概念化的，是人们关于世界的经验和认识事物的反映，是与人认识事物的方式和规律相吻合的。认知语言学认为语义不是基于客观的真值条件，而是对应于认知结构，表层形式的句法结构又直接对应于语义结构。认知语言学把对客观真值条件的描写与对认知概念的建构统一起来，不区分语言意义和语用意义，而是探索意义在大脑中是怎样建构的，研究原型理论、范畴化、概念形成的过程及机制。

语言的意义不限于语言内部，而是根植于人与客观世界的互动的认知中，根植于使用者对世界的理解和信念。语义还跟人的概念结构及其形成过程有直接的关系。例如，"横看成岭侧成峰"，客观上是同一座山，由于人的观察角度的变化就形成两个不同的心理意象，也就形成两个不同的概念。

在认知语言学看来，概念化是广泛的，既包括抽象的概念，也包括一个人对外部的、社会的、语言的环境意识，概念化实际上就是认知处理。概念化还包括知觉、感情和动觉，以及人们对语言事件的理解，对社会和语言情景的认识。

将意义等同于概念化，比起将意义视为概念来说，意在强调概念化主体的主观识解因素和意义的动态化特征，抛弃了客观主义理论的镜像观、静态观，强调了人的创造性和想象力，突出了意义的动态观。

认知语言学认为，概念化与语法密切相关，语法是词语概念内容的结构化。汉民族与英语民族的概念化方式不一样，由此带来不同语言的语法差异。例如，"借"这一概念，汉语中把物体"从甲到乙"和"从乙到甲"看作一回事，用一个概念"借"来表示，那么在具体的语言表达中就需要用介词"给"或者"从"来区别动作的方向。然而英语中是用两个不同的词来概念化这种行为的，分别用"borrow"和"lend"表示，那么在英语中就自然不需要相应的介词短语了。这反映了两种语言的有关词语的语法结构差异。

（三）语义决定句法

认知语言学的一个最基本的理论主张是语义和句法之间存在着一对一的映射关系。这一论断有两层意思：

①任何两个同素不同构的语法格式必然有不同的语义值，任何不同的语义结构都对应不同的语法结构。

②任何语法标记都有自己的语义值。

认知语言学中虽然有不同的理论方法，但它们在很大程度上是一致的，具有共同的理论原则。其中的一个重要主张就是：句法并不构成一个自主的表征形式层次，句法不是自主的，而是受功能、语义和语用因素支配和制约的。

认知语言学在句法方面和以往的句法研究的不同之处在于：句法关心的是作为语言单位的句子，它把人对事件的描述和人的交际意图与对句子的分析结合起来，并且把所有这些和人对空间和时间等的认知联系起来。在认知语言学里，语义先于句法，并部分地决定着句法。

认知语言学认为没有自治的句法。概念系统来自对客观世界的感知，因此在大脑中就不可能有不受输入影响的模块。句法结构是形式与意义的结合体，句法应该研究象征单位，即意义和语言表达两者的配对结合。

句法构造不是把无意义的形式任意地置放在一起，而是表现了人类组织基本经验的方法。句法的理据和动因是由认知、语义、语用等因素促动的。句法的不同形式来自并反映不同的语义。语法是词语概念内容的结构化，这深刻揭示了语义和语法之间的密切关系，说明语义在一定程度上决定着语法。

认知语法强调语义的中心地位，但并不否定语法的重要性，而是发现了语法的另一个本质特征：意义的丰富性。语法可以还原为形式与意义的配对。

第二节　认知语义观

一、形成

认知语义学以心理实体来标定一个语言表达的意义。认知语义学家认为语言表达的意义是心理性的，一语义是从语言表达到认知结构的映射（mapping）。语言本身是认知结构的组成部分，而不是独立所在的一个实体。认知语义学所强调的重点是词汇的意义而不是句子的意义。一个语言符号不是一个事物和一个名称之间的联结，而是一个观念和一个声音模式之间的联结。

二、意义是存在于认知模式中的概念

认知语义学的主要口号是：意义存在于头脑之中。语言的语义是一个从语言表达到某些心理实体的映射。认知语义学与哲学语义学的不同之处在于，认知语义学认为一个语言表达的真实条件的形式不一定是确定其意义的必要

条件。语言表达的真实性是第二位的,因为真实关心心理结构与世界之间的关系。简而言之,意义先于真实。

三、认知模式主要是由知觉决定的

由于我们头脑中的认知结构与我们的知觉机制直接或间接相关,因此说意义至少部分地是通过知觉而建立的。这一点又与传统的实在论的语义学截然不同,实在论的语义学认为既然意义是语言和外部世界(或若干个世界)之间的映射,那么意义与知觉无关。

我们可以谈论自己的所见所闻,也可以为我们读或者听的内容创造心理的或真实的图像。这意味着我们可以在表征的视觉形式和语言语码之间进行翻译。认知语义学的一个中心假设是我们在自己的记忆中贮存知觉的方式与贮存词义的方式一样。

四、语义成分以空间为基础

认知语义学所说的心理结构是指语言表达的意义,不需要将概念结构翻译成为心理以外的某种东西。用来代表意义的概念图式常常是建立在几何结构或空间结构基础之上的。一个概念空间由许多性质维度组成。性质维度的例子有:颜色、音高、温度、重量以及常见的三维空间等。有些维度与我们的感觉器官所产生的主观感觉具有密切的关系,但是也有具有抽象的、非感觉特征的性质维度。

性质维度的每一个维度都具有特定的拓扑或度量结构,如"时间"是一个单维结构,我们把它知觉为具有同质性质的一段真实数字。同理,"重量是一个具有零起点的单维度结构度量。有些性质维度是一个离散结构,它们仅仅把客体划分成类别,如一个人的性别就属于此类情况。某些性质维度似乎是天生固有的,并且在一定程度上存在于人的神经系统之中,如颜色、音高以及基本空间关系等。另外一些维度也许是后天习得的,习得的新概念常常包含了扩展一个人的具有新的性质维度的概念空间。用于描述人工制品的功能特性这一性质维度就是如此。

还有一些维度可能是由文化决定的,"时间"这一概念就是一个极好的例子。和西方文化中对于时间的线性概念不同,有些文化认为时间是循环性的圆形维度,因此世界总是保持周而复始地循环到同一个时间起点,而在另外一些文化中,则完全不把时间看作是一个维度。

概念空间类似于兰盖克的语义理论中的域,关于"域",兰盖克认为:"处于概念层次中最底层的是什么呢?我不偏不倚地认为是可能存在着的概念本原。然而有必要假定一系列的'基本域',即不可能简约的认知性表征空间或者概念域。

在这些基本域中,是我们对时间的经验以及处理二维或三维空间结构配置的能力。与各种感觉有关的基本域是:颜色空间(一组可能的颜色感觉),它与视野的延伸相协调;音高尺度;维度感觉(与身体的不同部位相对应);还应该提出情绪域。

某些特定的语言表达的特征可能只与一个基本域有关,也可能与多个基本域有关,如时间(在……以前)、颜色空间(红色)、时间及音高尺度(嘟嘟声)。然而,大多数语言表达都是与概念组织的较高层次有关并且预设其语义特征化过程的非基本域。"

五、认知模式主要是意象图式性的

认知语义学中最重要的语义结构是意象图式结构。意象图式具有一个内在的空间结构。拉考夫和约翰逊认为"容器""起点—路径—目标"及"连接"等图式都属于最基本的意义载体。他们还认为大多数意象图式都与人的身体运动体验有着密切的关系。

在实在论语义学理论中,隐喻和转喻等修辞方式主要是被作为异常现象加以处理的,要么忽略不计,要么合并到特殊的文体规则中加以分析。而在认知语义学中这些修辞方式却得到了足够的重视,从而在认知语义学的研究中居于核心地位。

六、语义学是服务于句法的

认知型语言研究与乔姆斯基的语言研究传统有着截然不同的研究取向。在乔姆斯基学派中,语法是一种形式演算,这样的形式演算可以通过一套规则系统加以描述,规则具有高度的形式化特征,独立于语言表达所蕴涵的意义。在乔姆斯基看来,语义学是附着于语法规则系统之上的从属性的独立部分。语言的语用部分在乔姆斯基学派中也同样处于类似的地位。

在认知语言学中,语义学是主要的组成成分(这一成分早在语言得到全面发展之前就已经以知觉表征的形式存在了)。语义图式的结构对于可能的用来表征那些图式的语法进行限制。关于语义限定句法的例子,可以通过时态的作用来考察。在西方文化中,时间被看作是一个直线式的现象,讨论三种最基本的时间是很有意义的,这三种时间是:过去、现在和将来。

这一情况反映在大多数语言中有关时态的语法中。然而,在时间具有循环结构的文化中,或者时间不能完全被赋予任何空间结构的文化中,要在过去和将来之间进行区分是没有意义的。还有一些语言具有激进的不同的时态结构,这些语言反映出不同的基本时间概念。

乔姆斯基学派一直以语法研究而声誉卓著,由于语法是通过形式规则而表征的,因此语法非常适合于计算机执行和实现。在认知语义学中,计算机化的表征却相当少见。

当然也有一些学者进行着这方面的工作,如霍姆奎斯特(Holmquist)开发了可实现的图像图式表征。他的研究工作受到了兰盖克的符号图像图式和朗(Lang)的空间模型的启发,但是他又把他们的形式主义概念扩展到了一个更加丰富的计算结构。

在霍姆奎斯特的模型中,他也利用了贝哈格尔(Behaghel)的旧有观点来生成只有从不同的词汇项目的效价期望值而来的语法结构。结果他所看到的看起来更像是一个规则制约管辖的句法系统,尽管在整个系统中没有一个明显的句法规则。

七、概念体现原型效应

当人们试图应用亚里士多德的理论来解释和分析表现在自然语言中的概念时,常常会遇到一些难以解决的问题。因此,认知心理学发展出了原型论来解释概念问题。在认知语义学中,研究人员尝试解释概念的原型效应。

一个概念常常以一个图像图式的形式来表征,而且这样的概念可以表现出变化,就像概念本身也是常常变化的一样。这类现象很难使用传统的符号结构进行模式化分析。

认知语义学是以概念空间这一思想为基础发展起来的。根据认知的观点,语义学是语言和某一认知结构之间的一种关系,适用于认知结构的适当框架。

认知语义学把语义的认知分析分成两个主要步骤:

①具体规定语言的词汇与适当的概念空间之间的映射关系。

②描述对应于不同的句法构成规则的形象图式(该形象图式借助于概念空间而定义)上的运算。

传统语义学认为人们可以把对一门语言的解释定义为该语言的组成成分对于一个概念空间的一种映射。作为这样一种映射的第一个元素,单个的名称是指派向量(即概念空间中的点)或者部分向量(即带有某些未定谓项的点)。

每个名称(指一个个体)都以这样的方式被分配一个特定的具体颜色、空间位置、重量、温度等。根据斯托内克尔(Stalnaker)的观点,映射一个个体到一个概念空间的函数称为定位函数。因此,基本的词汇假设可以叙述如下:自然语言中的谓词一般表示某个概念空间中的连接区域。比如,自然语言中的所有颜色词都表达与三种颜色维度的心理表征有关的区域。人们普遍认为不同的语言以不同的方式来表示颜色区域,但是所有的表示方法都似乎是根据相互连接的集合而完成的。

从技术的角度来看,作为解释映射的第二个元素,语言的基本谓词是概念空间中的指派区域。这样的一个谓词只有当定位函数将个体定位于区域中的点的其中一个点上时才能得到该个体的满足,而区域则是指派到一个谓词上的。

某些所谓的内涵谓词如"高的""以前的"或者"指称的"等,不是基本的而是"次级的",这是因为它们的区域不能独立于其他谓词来描述。不存在所有"高的"客体这样的类别范畴,更确切地说,"高的"作为一个形容词需要有一个对比类别来搭配,如"高个子的妇女"或者"一座高塔",这样才能进行很好的界定。有学者根据对比类别的作用的概念空间进行了分析来确定某些此类次级谓词的指称。

如果我们假设一个个体完全是由他/她的特性集合决定的,那么概念空间中的所有点都可以用来代表可能的个体。根据这一解释,一个可能的个体是个认知性的观念,这个认知性的观念不需要外部世界中的任何形式的指称。

概念空间中的一个点将总是具有内部结构恒定一致的特性集合,比如说,"蓝色"和"黄色"是颜色空间中的两个离散谓词,也就是说,任何一个个体不可能既是蓝色的又是黄色的。在对意义进行分析时,不需要也没有必要排除这样的对立性谓词。

因此,这些定位函数像传统语义学中的可能世界一样可以发挥同样的作用。这意味着我们可以把一个可能世界的观念定义为一个可能的定位函数,进行这样的工作不需要引入任何新的语义理论。总之,关于意义,认知语义学提出了下列观点:

第一,说话人所使用的每一个词都在其心中与一定的心理表征相联系。

第二,只有当两个词被这两个词的使用者以同样的心理表征加以联系时,这两个词才是同义的。

第三,心理表征决定词的所指。

认知语义学仍然处于发展的早期阶段,到目前为止,它的最为详尽的应用主要是在语言与知觉具有紧密关系的那些领域,如空间介词,也就是表示空间关系的那些介词。认知语义学也对隐喻机制提出了许多富有启发意义的新见解。它的长处主要表现在对词汇项目的分析上,也有一些研究尝试用认知方法来解释句法特征。而认知语义学对有些语言现象和语言学范畴的研究则相当薄弱,如量词和情态动词表达法。从认知分析的角度看,把对情态动词进行的认知分析放在语言的社会背景方面去考虑也许是一个值得尝试的方向。

第三节　语言与思维的关系

一、语义启动

语言与思维之间的关系是语言学长期以来讨论的主要问题之一。这就是语言是否影响思维或思维是否会影响语言。这两种观点都被人提出并积极寻求学者的支持。前者称为语言相对论，与之相对立的后者是所谓的语言普遍论。普遍论的论点是：由于所有人都有一个特定的"心理统一"，而语言反映了人类思想，人们普遍认为语言的本质是所有具有文化背景的人的思想。

这一观点断言在所有语言中语言学的概念化实质是相同的。尽管极端的语言相对论者和极端的语言普遍论者都各执一词，但实际上相对论和普遍论都包含着某些真理性的成分。

人类思维的传统观点是普遍论，这一理论认为全世界所有种族的人基本上以同样的方式进行思维。但是，世界上的语言种类如此之多，不同语言中的语言概念又如何能够相同？

描述两种语言之间的差异性和相似性是一回事，系统地阐述并以公式来表示这些差异又是另一回事。过去，我们以对语言、文化和思维之间关系的研究的描写方法来分析不同语言的意义系统之间的相似性和差异性。

长久以来，语言学界有一个共识，那就是要获得对于不同语言语义的精确描写，关键是将语义分析的方法建立在普遍概念的基础之上。几个世纪以来，许多思想家都相信不同语言存在着一组普遍概念，哲学家笛卡尔和莱布尼茨称它们为"简单观念"，现代语言学家一般把它们叫作语义启动。

到目前为止，语言学界认为约有60个语义启动属于语言系统中的普遍概念或者是意义的基本"原子"，文化语义学者认为成千上万的复杂意义就是由它们构成的。但是需要特别注意以下三点：

①一个单一的语义启动有时候可以用不同语境中的不同词加以表达，这叫作"词位变体"。

②在有些语言中，语义启动的对等体可以是词缀或者固定短语或固定词组，而不是单个的词。

③词通常有不止一个意思，这就使得语义启动的分析具有某种程度的复杂性。

在我们尝试描写与自己的母语不同的语言中的词意的时候，所面临的另一个问题是，某种语言系统中的绝大多数词没有准确的跨语对等词，即使是非常简单而又特别具体的词也是如此。

不同语言之间在词义上的不同，或者说意义差异的跨语现象，容易引起语义学中的种族中心论（文化偏见）。如果用一种语言中特别存在的而另一种语言中没有的概念来描写另一种语言，那么这样的描写无疑会失真，因为描写者把自己语言的概念范畴强加给了另外一种语言。

语言之间的语义差异在语言学习中同样会引起混乱，我们常常发现，学习外语的学生在自己的口语或作文中由于不甚明白外语词汇的内涵而产生某些错误的用法，因为他们仅仅由母语的意思去套用一些外语词语。

如何解决这些问题呢？要避免模糊和循环，就必须使用比被描写着的词更加简单的词来描写这个词的意思。按照这一原则对词义进行的描写被称为还原释义或简约释义，因为它把复杂意思分解（或者"简约"）成比较简单的意思的组合。当我们根据普遍语义启动完成对这个概念的解释时就达到了最完全的简约释义。

语义启动释义词的定义提供了避免模糊和循环的思路，但是对于第三个问题又如何解决呢？事实上，语义启动可以把种族中心论减少到最低程度，因为有研究证据表明语义启动不是英语或某一个语言特有的"私有财产"，而是表现在人类的每一种语言中。

语义启动是一种"超小型语言"词汇，是进行语义分析和概念分析的极佳工具。语义启动中所含的解释和说明可以在语言之间进行互换而无须改变意思，而且不是专业性的技术语汇，因此常人都可以理解。

二、文化关键词

从以上分析中看出，具有普遍性的语义启动的核心很小（基本上可以确定为不到100个词），这一事实突出了语言之间在思维和概念方面的巨大差异。任何语言中的绝大多数单词都有相当复杂的含义，只能用特定的语言来解释和理解。这些意义反映和体现了言语社区独特的历史和文化经历。我们把这样的词称为文化具体化词。

现在以食物这一范畴中的一些最简单的例子来论证这一论点。在波兰语中，有专门的词语用来描述炖卷心菜（bigos）、甜菜汤（barszcz）和杨梅酱（powidla），而这些词英语中是没有的；同样，日语有一个词"sake"用来描述一种用大米做成的烈性酒精饮料，英语中也没有这样一个词。风俗习惯和社会制度的表述中同样存在大量的文化特异性词语，比如，日语词"miai"，表示未来的新娘及其家人第一次会晤未来的新郎及其家人这样一种仪式或活动，英语中就没有这个词的相应词。

除了在文化特异性词的多少、有无等方面有差异以外，语言还在用于谈论某个特定的意义领域时所使用的词的数量方面表现出差异。当一门语言拥有一个相对大数量的词来表示某个单一的域时，这一现象被称为词汇雕饰。

跨文化语义是指语言中的一些词语，它们特别突出，具有文化特征，为该文化的文化关键词，比如说，可以认为 work、love 和 freedom 是主流英语文化（即盎格鲁文化）的关键词中具有代表性的词，这些词在主流英语文化中的使用频率极高，至少在一定的英语使用域中是如此，通常这些词处在大量的固定词组或习惯短语的中心位置并且频繁出现于格言、箴言、谚语、通俗歌曲以及书名之中。

为了说明不同语言中的词是如何以微妙但是又具有语义域的方式区别开来的，我们以不同的欧洲语言中的一些表示情绪的术语为例来看这个问题。一般来讲，情绪术语的意思可以通过把一种感觉（好、坏、不好不坏）和一个原型方案（原型剧本）连接起来的方式加以描述，而原型剧本包含有行动图式（"做"）或者经验图式（"认为""想"），譬如说，英语词"sadness"是一种不好的感觉，而这样的感觉是和"发生了某件不好的事情"这一看法有联系的，也就是说，一个人认为某个事情不好时会产生"sadness"的感觉，但是，并不是说一个人会每时每刻都会有"sadness"的感觉，也不意味着这个人必须要有这样特别的想法。

有趣的是"happy"在现代英语中是一个常用的词，根据《朗文当代英语词典》，它属于 1000 个最常用的词，而相比之下，"joy"以及它的派生词则属于书面语并且具有文体标记。在其他欧洲语言中，在意思上比较接近"joy"的词则多属于日常口头语中的常用词。

从跨文化语义学的角度看，汉语中的成语是中华文化的特定语言现象，过去一般认为成语是一个词汇学概念，因此"成语"一直被作为一个特征范畴来理解。其特征表现为以下几点：

①词组或短语。
②结构上是定型的。
③语义简洁精辟。
④具有历史沿袭性。
⑤有特定的出处。
⑥四字组成（绝大多数）。

只有具备了这样一些特征才算成语。然而，按照这样的特征，汉语的成语将难以数计。而从认知语言学的角度分析，作为语言学范畴的成语应该是原型范畴。相当数量的汉语成语是中华文化的文化关键词，它们在中华文化的演化中形成相对稳定的结构,携带着特定的文化语义信息。

三、语言的文化相对性

语言在多大程度上影响人的思维方式?如何评估语言和文化互相渗透和互相影响的程度?有关语言的这两个问题,很久以前就引发了众多思想家和学者的分析和探究。

早在1690年,英国哲学家洛克(Locke)就观察到在任何一种语言中都存在着"大量的词语……这些词语在另一种语言中没有任何可以对应的词语"。他认为这些语言特有的词语代表某种"复杂观念",而这种复杂观念是在人们的"习俗和生活方式中"发展起来的。

同样的洞察和见识在德国的浪漫主义传统中重新得到了分析和探究,尤其是在洪堡特和海德尔的著作中得到了进一步的分析,他们认为语言是扩散于世间万物的棱镜和格子,因此每一门语言都反映一种不同的世界观,即认识和观察客观世界的方式。这观点后来被传入美国并且得到美国文化人类学和语言人类学创始人博厄斯(Boas)的继承和发展。

在美国,博厄斯和他的学生面临着大量与欧洲语言和文化截然不同的美洲语言和文化,欧洲诸语言与美洲印第安土著语言仅在词汇上的差异就大得惊人,正如博厄斯的学生萨丕尔(Sapir)所观察到的:"我们似乎完全忽视了必然存在的反映迥然不同的文化类型的语言差异……"在萨丕尔看来,不同的语言反映着完全不同的文化类型。

20世纪30年代,苏联学者卢里亚(Luria)和维果茨基(Vygotsky)等人进行过类似的观察。他们发现挪威北部的土生萨米部落虽然有庞大的词汇体系,但是却缺乏比较抽象的概括性范畴或上义词语,比如,挪威北部的原始人群用许多不同的语汇来说明不同的驯鹿品种。对于年龄为1、2、3、4、5、6和7岁的驯鹿都各有一个专用词,同样,他们有20个词用于冰,11个词用于寒冷,41个词用于指不同形状的雪,有26个词用来指结冰和解冻。正是基于这个理由,这些土生萨米部落居民反对让他们放弃自己的语言而改用官方挪威语的尝试,他们认为官方挪威语在这些方面词汇太贫乏。

同样,北美洲印第安土著语言的语法系统也和大多数欧洲语言的语法系统大不相同,这些语言中的一些语言缺乏与欧洲语言类似的范畴,如可数和不可数、名词和动词、时态和格等,但是却在语音、语气、语调等方面充满了一些异乎寻常的区分,如一个事件或行动是否在空间或时间方面具有反复性,这个事件是发生在北方、南方、东方还是西方,说话人对于该事件的了解是从个人的观察、推论得出的,还是从别人那儿听说得到的,所谈论的某个东西是否是可以看得见的等，所有这些都在语音方面表现出差异。

萨丕尔举了个在英语中根据"发生"图式所描述的事件的例子，这个例子是讲关于"石头下落"这样一件事情的。夸魁特语（加拿大不列颠哥伦比亚省境内的一种北美土著语）会详细说明石头是否可以被说话人在说话的那一时刻看得见以及石头是离说话人最近、离听话人最近还是离第三个人最近等，但是却不说明是一块石头还是几块石头，也不说明下落的时间。

在与其紧邻的努特卡语中，类似的说法却又不包含任何对等于"石头"的名词，而只有一个由两个成分组成的动词形式，其中一个成分是说明石头或者类似于石头的客体的运动或位置的，另一个是说明向下的方向，因此这一情况可以忠实地用英语表达为"It stones down."根据萨丕尔的观点，英语把"一块石头"看作一个在时间上具有稳定性的实体的观点在努特卡语中是不存在的；相反，石头的"实物身份"是在动词成分中暗示出来的，而动词成分标示所含运动的性质。他认为，根据以上例子，很容易得出这样的结论：不同语言的不同语法范畴要求甚至强迫这种语言的使用者以不同于其他语言的方式来看世界。这就是著名的"萨丕尔－沃尔夫假设"。

毋庸置疑，沃尔夫（Whorf）把适用于一个言语社区的协议的有效程度夸大到了"绝对的强制性"的地步。我们经常可以发现人们围绕所规定的"协议条款"使用释义或迂回的方法互相解释某些现象。但是这只有在一定的基础上才能进行，即要使用一些比较冗长、复杂和拖沓的表达，而不是使用人们的本族语所通常使用的习惯模式和表达方式。

人们只能尽量避免他们所意识到的语言上的约定俗成。然而，人们的本族语对他们的感知习惯和思维方式的支配和控制通常极为强烈，因此人们已不再意识到这样的语言上的约定俗成，使用语言上的约定俗成已经成为刻板化的习惯，变成一种无意识状态。沃尔夫受到了一些学者的批评和攻击，因为在他之前和之后都没有人宣称语言是影响思维的，同时从来没有人能够提供独立的证据来证明语言模式真正影响人们的注意模式和思维模式。

在中国，从文献学的角度看，文献中单音节方位词如上、下、左、右、东、西、南、北等，分别可引申出皇上、地位低的、以"左"为尊、以"右"为下、东方为尊、西方为卑、南方为尊、北方为卑等意义。这些意义的产生都和古代汉民族的传统方位观念、等级尊卑观念等社会文化背景紧密相关。

在其他的研究中，有学者发现了说英语的成年人和说尤卡坦玛雅语的成年人在加工关于具体客体的信息的方式中的显著性差异。英语使用者与尤卡坦玛雅语使用者相比，英语使用者会更多地把注意力放在数字上，而且倾向于按照形状进行分类，而尤卡坦玛雅语使用者喜欢按照物质材料组成或构成来进行分类，这些差异与以语言差异性为基础所做的预测而得出的结论相对应，也就是说，英语有数的标记，尤卡坦玛雅语有量词标记，名词是属于特定范畴的名词词缀。

通过对汉语歧义句加工模式的研究发现，汉语的歧义句加工中存在着明显的量词效应，也就是说，在非常重视量词使用的汉语语言体系中，汉语的使用者对量词非常敏感，量词对歧义的加工具有十分显著的影响。同样，我们在英国里丁中文学校四个班的 25 名华裔学生中进行的调查发现，被调查的 25 名 8～16 岁的华人子弟在学习中文的过程中对中文的量词的掌握极为困难。这些学生在互相交谈时全部使用英语，家庭以外的交流用语也全部是英语，只有在家和父母交流时父母强迫他们使用中文，所以他们的中文学习显得特别难，由此可见，语言体系的差异性特点在语言的使用和学习中得到了具体的体现。

四、概念结构与语言结构

杰肯道夫（Jackendoff）提出：思维是完全与语言分离的心理现象，思维可以不依赖语言；语言提供了一个框架，使得人类有可能比没有语言功能的生物拥有更复杂的推理方法。

杰肯道夫指出，语言不是思维，思维也不是语言。思想独立于人们用来表达思想的特定语言，讲法语的人可以和说中文的人有同样的想法。翻译的作用是用一种语言与其他语言交换思想。

如果不同的语言可以表达同样的思想，那么它就不可能与某一特定语言相联系：它们与用来表达它们的语言是一种中立的关系。同样的思想，英语和日语表达词序也不一样，因此，思想与词序无关，但语言却依赖词序。

语言表达意义，但语言所表达的意义只起到一种触发的作用。根据我们前面的讨论，语言表达可分为第一性意义和第二性意义。第一性意义也可称为规约意义。

在一般的交际过程中，话语意义的交流和理解是基于话语的字面意义。事实上，这一过程中必须有一系列的背景知识参与。我们将这种传统语境中的背景知识称为常规设定。所谓常规设定，是一系列假设，说话者依赖于话语或非话语交流。在上下文中没有因素取消或怀疑这些假设。因为说话者通常不知道使用这些传统设定，他们经常假设听众具有相同的设定。常规设定可分为两种。

①一般背景常规设定。某一语言社团内说话者所共享的一般背景假设，如有关某一特定历史阶段真实世界（包括自然和社会两方面）的知识。

②特殊背景常规设定。因特殊情况而产生的常规设定，包括因某一特定语境或话语需要所产生的假设，以及因地理原因或共同兴趣所组成的团体的共有经验所产生的背景常规设定。

因为语言交流是基于人们对世界和各种知识的了解，语言的使用实际上是试图改变它的特定部分。许多事物，只要提及与其有关的事物和特征，人们总能根据"相关原则"将其识别。诗歌、隐喻、换喻等就充分说明了这种情况。

语言中的模糊现象也反映了人们的思想交流并不完全依靠说出的话来判断说话者的意思。这样，所谓的错误说法也就不足为奇了。同样，语言实际使用过程中发生的词语指称转移（reference transfer）的现象也说明了语言的这种触发功能。总而言之，每一种指称转移都有各自独有的特征。语言使用者必须掌握这种特征才能恰当地使用。

五、语言对思维影响的方式

杰肯道夫指出，与其说语言决定了人们的思维，不如说语言能帮助人们思考。语言帮助人们思考的方式之一是语言交流。没有语言，人们可以抽象地思考，但却无法表达。没有语言，概念事件发生的时间也无法说明。

语言帮助人们思考的第二种方式是创建一个概念结构作为注意对象。语言允许人们"体验"他们自己的思维过程。语言使我们能够关注我们的思想。它至少有三个主要优点：

①对某物的注意使得我们调动更多的资源来处理它。

②我们可以将此在工作中加以"定位"，将此与周围的其他事物加以比较。

③我们可以将它独立出来，对它进行单独记忆。语言提供了一个对思想加以注意的途径。

任何可能的选择都将被记住，并最终导致某一行动。语言帮助人们思考的第三种方式是评估有意识的感知对象。当人们得到新的体验时，他们往往会对某个对象或情况感到似曾相识，但实际上我们之前并没有经历过。

有时，人们大脑中可能会由于外界的刺激，如"想象有一个粉红色的大象"，或者是酩酊大醉后，出现某一特定的形象，前者你可能会感觉能够控制，而后者却无法控制。但两者都是大脑产生的活动。有了语言，我们就可以把以上的概念用 familiar, novel, real, imaginary, self-controlled 等词语来表达。

第四节 认知语义学新论

一、语义中心观——语言教学

随着认知语言学理论研究的深入和发展,其研究成果不断地被应用到外语教学当中,以解释和解决外语教学中出现的问题,同时也可以检验认知语言学理论。

兰盖克认为,语法是用来将象征单位逐级组合成较复杂的象征单位格式。一个典型的语法结构通常是一个复杂的象征单位。认知语言学是以意义为中心的语言学,它以语言所传达的语义为起点,并以语义贯穿始终。

在认知语言学里,语义被置于首要地位。语义的中心地位说明语言无论是结构形式还是意义本身都具有理据性。语言的理据性以不同的方式体现在语言的不同层次,如意义与意义、形式与意义之间。

二、中心意义到扩展意义

语言中多义性是一种普遍现象。不同的意义形成一个语义网络。如果把一些高频词的不同意义分别处理为单义词、同音异义词等,对外语学习是没有益处的,因为这就相当于把意义之间的相互联系切割掉了。

以英语介词为例介词所表达的时空意义与人类的空间经验紧密相关,并形成一个网络。它们之间联系的一个基本机制就是概念隐喻。大量证据表明学习者如果知道从中心意义到扩展意义中概念隐喻所起的作用,那么学习效果要好得多。

概念隐喻可以从三个方面培养学习者的思维能力:

①概念、隐喻指人类概念系统中存在一个隐喻结构,这个结构潜在地影响甚至制约人类的思维方式,如以空间表达时间、以旅行表达人生、以建筑物表达理论等。

②学习者逐渐掌握这样的概念隐喻的过程也是一个学会抽象思维的过程,一个发现事物之间的相似性的过程,一个建立概念结构或概念域的过程。

③由于隐喻具有深厚的民族文化特征,学习者理解隐喻的过程也是逐渐扩展观察问题和思考问题的视角、促进思维逐渐理性化的过程。

习语曾被认为是语言中的死喻,因为它们已经变得非常稳定和广为接受了,使用者对它们的隐喻性特征已经习以为常了。但是认知语言学家的研究表明,有两种方法能够重新唤醒习语背后的生动的意象:①发现其中的概念隐喻；②追溯其产生的原有语境和本义。如果学习者能够根据概念隐喻原理去理解习语产生的直义基础，那么他们继续学习的愿望会更加强烈，理解和记忆习语的效果也会更佳。

三、形式与意义作为一个整体

认知语言学将形式与意义密切结合起来进行研究。认知语言学认为，语言本身是语言符号及其所象征的意义。任何一个语言因素，包括音素、词汇、语法结构、句子等，都具有象征性且包含一定的意义。每一个语言因素都是一个形式—意义的结合体。对认知语言学家来讲，所有语言结构都是符号工具，不管是最小的词素还是复杂的结构，都可用来传达意义。

如过去时态标记 -ed 和进行时标记 -ing 这样的语法形态标记并不包含一个实际的词汇意义，因为它们并不象征任何一个实际的事物，但是，它们能够在人们的头脑中引发一个关于时间的概念，即某一情景在过去或现在的某一时间在进行之中，因此它们也是有意义的。

语言的形式和意义在语言使用中不可割裂。语法是意义和形式、功能和结构的中介，体现两者之间极为复杂的关系。语法结构是显性的，看得见、摸得着，而语义关系是潜性的，看不见、摸不着。

表面看来，形式语法有可能解释一些语言现象的规则，但是要想用形式化手段解释语言使用中蕴含的道理却未必行得通。可见，句子正确的方式可能千千万，但其出错的情况也可能万万千。

语言是由形式与意义匹配构成的符号单位组成，词汇与语法构成一个连续体，这表明语言学习必须是形式与意义作为一个整体同时学会。形式与意义之间的理据可解释语音与语义之间的联系。例如，/sp/ 在许多单词中表示负面意义：spam（发送垃圾邮件）、spurn（唾弃）、spew（呕出）、spite（刁难）、spleen（怒气）、spoil（溺爱）等。某些音特别适合于某种意义，flutter（一掠而过）、flicker（闪烁）、flash（闪光）等中的 /f/ 表示与某类运动相关的具体动作。

在认知语言学家看来，语言形式和意义之间的联系不是绝对任意的，语言具有理据性。学习者在语言学习过程中思考意义与意义之间、形式与意义之间的联系是一个扩展的过程。扩展分为语义扩展和结构扩展。语义扩展指关于词或构式的意义及心理活动，结构扩展指关于词或构式的形式的心理活动。扩展是在比较深的层次处理信息，因而能增加信息在记忆中保留的可能性，促进学习。

四、语义与识解

语言学理论研究一般围绕三个基本问题展开：什么是语言知识、怎样习得语言、怎样使用语言。这三个假设之一的语言习得基本观点可解释为：概念结构不能简单地还原为真值条件与客观世界的一一对应。人类认知能力的主要特征是将经验概念化后表达出来（包括语言知识的概念化）。在概念化过程中，识解起着十分重要的作用，同时也给意义增加了主观性。

把动态的认知过程引入语法分析，是认知语言学的又一个鲜明的特点。同样一个对象，认知视点的不同，会影响人们选择不同的句式去表达。认知语言学把这种认知视点变换与语言结构的选择之间的相互作用现象叫作"识解"。

识解实际上指的就是人的认知能力，不同的认知方式作用于同一情景，导致了不同的语言表达和不同的意义。相同的一个对象，认知视点的不同，会影响人们选择不同的句式去表达。比如面前放了一只盛有半杯水的杯子，不同的人因为观察的角度不同，就会选择不同的句式。对同一个客体的不同表述，反映了人们不同的认知识解。

The glass with water in it.

里面有水的杯子。（观察视点是杯子自身）

The water in the glass.

杯子里面有水。（观察视点是水）

The glass is half-full.

杯子装了一半的水。（观察过程是从杯底往上看）

The glass is half-empty.

杯子一半是空的。（观察过程是从杯口往下看）

语义是概念化过程。这意味着，同一个事件可以有不同的理解，同一个事件可以有不同的表达。再如名词、动词，主语和宾语等基本句法范畴，是指对它们所指概念内容的抽象的语义识解，这些基本句法范畴都有基本意义，但都是在人们对经验做出各种识解的基础上形成的。在跨语言对比时，我们会发现有很多相同的意义范畴，但这些相同意义范畴的识解却因语言而异。例如，英语中的"sick"被识解为一个形容词，具有非时间性，是总体扫描的结果，因此它需要借助表示时间的系词"be"（为顺序扫描）来表示。而汉语中的"病"则被识解为动词，属于程序性扫描，本身就具有时间性，因此不需借助系词构句。

语义结构是概念结构，语义是概念化过程。语义在一定程度上决定语法，语法是词语概念内容的结构化，这揭示了语义和语法之间的血肉关系。对语言本质特征的认识，决定着对语言习得过程的认识和对语言教学基本原则的选择。以语义为中心的语言观对外语教学具有重要的启示。例如，对语法结构的意义的认识有助于更好地理解语法结构的形式，能够更好地解释清楚相关结构之间的联系与差异。强调语法结构的意义教学使得语法教学接近词汇教学，从而有效地与交际教学法、内容教学法、任务教学法等衔接起来。学好语法是为了更好地理解意义。我们通过理解语法结构的意义来学好语法，从而为理解意义服务。掌握语法不是语言学习的最终任务，而是为了更好地理解意义和使用语言。

语言学习者了解并掌握意义与意义之间、形式与意义之间的关系可强化信息的记忆，促进学习。意义是最主要的语言现象。当学习者习得了意义的生成方式后，他们就会更深刻地理解所学语言。语义是语言的核心，而语义的核心又是识解，语言使用中的语义建构离不开语言使用者的识解。语言使用者的识解对解释外语学习中的语言产出具有核心意义。

语言表达式的意义取决于识解也意味着语言的约定性本质，同时也表明语言使用者对话语中语言表达式的分布具有选择决定权，即语言使用者处于语言使用事件的中心地位。学习者不断发现所学外语的理据性结构和原则，这一过程的本质就是学习能力在不断增强。

第四章　认知视角下的语法学研究

语法是人类语言使用中约定俗成的使用规律。语法不仅能够科学地研究和解释语法的结构规律，而且更是一门学科，充分认识和说明了客观存在的语法系统。以下将对语法与语法学、语法结构及其成分、语法的基础与核心进行探讨。

第一节　语法与语法学

一、语法

语法的含义对语言学习中语法的使用起到了至关重要的作用。语法的产生，不仅具有悠久的历史背景，而且还具有丰富的文明背景，尤其是在日常的口语使用过程中，我们所说的语言并不具有十分严谨的语法。语法的权威性体现在重要的书面或正式的口头场合使用中。

语法也是语言四大构成要素之一，它是将已经掌握的词汇构成词组，再将词组构成句子时要遵循的语言规则，对语法、语法学以及相关的语法单位进行研究具有非常重要的作用和意义。

语法属于经验认知理论。如果语言被视为人类对经验的理解，语法就是经验理解的方式。尽管语法和语法学都属于从语言理论的角度对语言进行的研究，但是语法和语法学还是两个不同的概念，下面就语法和语法学这两大概念进行深入的研究与具体的分析。

（一）语法的范畴

1. 语法范畴

前面已经简单介绍了什么是语法，对语法概念有了一些大致了解之后，有必要细致地看一下语法的具体内容。首先必须提出的一个非常重要的概念便是语法范畴。

范畴这一概念源自认知语言学，最早的范畴观可追溯至古希腊哲学家亚里士多德。人类一个基本的活动便是认识和感知世界，而我们的世界是繁芜多杂的，因此对事物进行区分就变得尤为重要。分类是人类所有认知活动中最重要也是最基本的一项。一般情况下，语言学家往往用范畴化来对这一认知活动进行指称分类。范畴是语言学研究的重要组成部分，即范畴研究。同时对研究语言学有着十分深远的影响,"二战"后形式主义语言学对音位学、句法学、语义学的研究就是建立在传统范畴观上的。由此可见,范畴在人类的语言研究中扮演着十分重要的角色。

由上可知,语法范畴可以简单地理解为对不同语法概念和意义的分类,更加确切的是对各种不同类的语法形式表示的语法意义的概括。从狭义上讲,语法范畴包括词类(parts of speech),如名词、动词、介词等和功能(即不同语法单位在句中所做的成分),如主语、谓语、宾语等。在词类范畴中,名词有性(gender)、数(number)、格(case)、人称(person)等,动词有时(tense)、体(aspect)、态(voice),形容词有比较级(comparative)和最高级(superlative)等。很多人在初学语法时会混淆词类和功能。

因此,对词类和功能做一些区分以及了解它们之间的关系是很有必要的。最基本的语法学习便是要区分语法范畴。在英语语法里面,掌握名词的性、数、格和动词的时、体、态等,是最基本的入门之要。不管是听说,还是读写,范畴概念对语言使用的准确性都有着无处不在的影响。了解和区分这些范畴,有助于准确地掌握英语语法。

2. 词类和功能

词类是根据词与词之间的共性特征和差别,将其划分为不同类别,尽管意思上有很大的差别,但是从根本来说总有一个共同点。例如,"computer"和"tree",不管意思有多大的区别,但它们都属于名词。传统语法将词分为八大类:名词(noun)、动词(verb)、代词(pronoun)、形容词(adjective)、副词(adverb)、介词(preposition)、连词(conjunction)和感叹词(interjection)。

功能是指一个语法结构或句子里面不同语法单位之间的关系,根据词在句子中所处的位置和发挥的作用,又可以从主语、谓语和宾语等角度来考察。因此,涉及词语在句子中的成分的时候,关注的是词的功能,即作主语、谓语还是宾语等,而不是词的类别。

通常情况下,一定的词类可以在句子中发挥一定的功能;反过来,特定的功能是由特定的词类来行使的。一般来说,主语和宾语都由名词充当,谓语由动词充当,定语由形容词和副词充当,等等。但是这两者并不是一一对应的关系。一个词类可能会有两种及以上的功能,而一种功能可能会需要两种或以上的词类来实现。例如,名词在句中可以作主语,也可以作宾语,这是毋庸置疑的。

3. 范畴特点

根据语法范畴的定义,同属于一个范畴里的元素必然会有很多共同的特点,这也是它们处于同一个范畴的原因。上文做了一些关于范畴的讨论,现总结一下语法范畴的特点。

①同一个范畴里的元素的意义领域也相同。比如说，单数不同于复数，然而，它们的共同点是都是数；虽然它们具有不同的时态，比如现在时、将来时、过去时，然而，它们的共同点是都是时。但是，单数和过去时的意义领域是不同的，一个表示数量，一个表示时间，由此可见，把它们归纳到语法范畴里是不可行的。

②对于那些属于同一语法范畴的元素的各种形式来说，它们之间是相互对立的、排斥的。例如，在数这个范畴里，一个词是单数（singular），那么这个词肯定就不是复数（plural），这两种形式只能出现一个，是相互排斥的。

③对于那些属于同一语法范畴中的元素来说，其本身不能完全决定其象征的意义，其与其他元素之间的相互作用也对其象征意义起到了决定性作用。这在英语里面叫作一致关系或者协同关系，换言之，处于一定的结构或关系中的两个及以上的词，都必须要求拥有一致的范畴标记。如主语是复数，那么现在时的谓语就应该用动词原形；如果主语是单数，谓语则应该用动词的第三人称单数。

（二）语法的发展阶段

语法的发展主要经历了以下三个历史阶段。下面就对这几个阶段进行具体分析。

1. 第一阶段

第一阶段即 16 世纪后期到 17 世纪中期，在这一阶段，英语语法很大程度上对拉丁语产生了依赖。这一阶段人们发现了许多语法书，然而很大一部分都是用拉丁语进行书写的，很明显，这些书并不是用来教学的，作者只是把拉丁语法强硬地套到了英语语法的头上。

2. 第二阶段

英语语法领域在这一阶段取得了新进展。英语规范语法产生于 19 世纪中后期，1755 年，约翰逊为了规范英语语法，对第一本英语词典进行了系统化编写。这一英语词典，不仅对发音、拼写和词汇用法等方面进行了阐述，而且也标志着现代英语语言的标准化。除此之外，英语语法在这一阶段注重对词法进行研究，从而忽视了研究句法。

3. 第三阶段

规范性语法于 19 世纪末受到了来自描述性语法的挑战。描述性学派不仅对英语语法的现象进行了总结，而且还对英语特定语法系统的构建提出了设想。这一学派在对客观语法现象进行观察之后,总结了适合自己的语法规则——叙述语法,即对客观存在的语法现象进行了描述。

(三)与语法相关的理论

语法发展过程中,形成了从不同角度对语法的理论研究。下面就结合结构语法理论、转换生成语法理论以及认知语法理论进行分析。

1. 结构语法理论

结构语法理论是在美国结构语言学理论的基础上发展起来的。结构语言学家对许多语言材料进行切分、比较和分类,分析每种语言的音素和语素,分析语言形式和语法,并建立新的语言分析程序。

美国语言学家布龙菲尔德(Bloomfield)将此分析方法上升到一定的理论高度,并于1933年出版了《语言论》一书,在书中对结构语法分析的原则和方法进行了详细的论述。美国语言学家将用于分析土著语言的描写方法运用到英语语言分析中,由此建立结构语法。

结构语法体系将语言视为一种结构,同时将英语语言划分为声音结构、句子结构和单一结构这三个层次。

结构语法认为,英语是一种高度屈折的语言,音素不仅可以对声音进行区分,而且还可以构成词素。结构语法将单词分为开放类和封闭类。其中开放类指的是表达词汇意义的词,如名词、动词、形容词以及副词;封闭类则指的是表示结构意义的词,如冠词、介词、助词等。其中开放词的数量随着社会的不断发展也在随之增加,而封闭词类的数量相对较少,也较为固定,很少有新词增加。

结构语法利用直接成分分析来寻找语言单位及其连接方式。所谓直接成分,即直接结合构成仅上面一层的两个组成部分。句子是最大的、独立的语法单位,它由更小的语言单位构成。词素可以说是一个最小的语法单位,通过词素和词素的结合形成更高的结构,这样层层推进,最终形成最大的语法单位——句子。直接成分分析法就是将句子首先分为两个直接成分,接着进行再分,并获得最终成分——语素。

2. 转换生成语法理论

转换生成语法由美国语言学家乔姆斯基于20世纪50年代中期提出。该语法理论为语言学界带来了一场革命。转换生成语法简称"TG grammar"。

乔姆斯基的语言学理论有两大假设:天赋论假设和普遍语法假设。

(1)天赋论假设

乔姆斯基认为,语言是某种天赋,儿童天生就具有语言习得能力,这种语言习得能力被称为"语言习得机制"。这种习得机制使得儿童能够轻松掌握他们出生地的语言。

（2）普遍语法假设

普遍语法是人类语言共有的原则和特征，这些共同的原则和特征并非巧合，而是必然的。

3. 认知语法理论

认知语法理论最初是由加州大学圣地亚哥分校的兰盖克教授提出的。认知语法是基于一种特定的哲学理论，具体描述了人类感知体验，认知心理学基础与语法规则的结构和意义之间的关系。

认知语法旨在解释语言心理学的真实性，即语言内在语法的描述。内容语法处于不断变化之中，由具有一定结构的语法单元组成。兰盖克将认知语法的单位分为三个：语义单位、音位单位以及象征单位。

①语义单位。主要包括命题内容、识解以及语用因素等。

②音位单位。指语言能够被感知和体现的方面。

③象征单位。指音位单位与语义单位直接相连的结合体。

以上是几种主要的语法理论，这些理论能够帮助学生了解并认识语言的本质。因此，了解这些理论对于英语学习具有重要意义。

二、语法学

语法学和语法虽然仅是一字之差，但是从严格意义上来讲，它们还是存在着很大的区别。下面就对语法学的相关问题进行分析。

（一）语法学的相关概念

通常，语法学被认为是研究语法规则的领域。语法是一门独立的语言学科，其语言符号之间存在结构性规律。从这个角度来看，语法和语法学之间存在本质区别。语法是语言符号间的客观规律，它是客观存在的，不以人类意志传播的。但是，语法学则是主观的，语法学往往带有人为的创造性，甚至存在着多种多样的概念。下面就对语法学的相关概念进行分析。

1. 语法学

语法学也是一门学科，这门学科旨在对语法学这一语言学科进行研究，其中包括研究语法学的产生、发展等内容。

2. 语法学家

所谓语法学家，即对语言语法进行研究的专家。一般情况下，我们都是使用语法规律的人，但是语法学家们却是研究语言规律的人，他们的研究目的是建立语法规律，与此同时，他们还是语法和语法学的中介。

3.零度与偏离

对于任一科学来说，其出发点都是较为理想的状态。语言学界将理想环境下理想的说话人与听者之间的交际称作"零度"。但事实上，理想的状态在现实生活中几乎是不存在的。因而，语言学研究中的"零度"很难囊括千变万化的语言现象，甚至会脱离大众，并且没有任何社会效益。

偏离指的是人们在现实交际中的话语或言语行为与理想状态不一致的情况。偏离又有正偏离和负偏离之分，正偏离指的是现实交际中的话语或言语行为能提高表达效果的情况，最佳的言语行为或言语作品可表示为"+1"。与之相反，负偏离则指的是现实交际中的话语或言语行为对表达效果不起作用甚至损害表达效果的情况，最坏的言语行为或言语作品可表示为"-1"。从"零度"到"+1"和"-1"之间存在偏离差。事实上，"零度""+1"和"-1"这些概念都是科学的假设，是在现实生活中很难实现的状态。

（二）语法学的影响变量

语法作为一种客观存在仅有一个，但语法学基于人本对客观存在的语法的认识却多种多样，并且有着很多对其产生影响的变量因素。对语法学产生影响的变量包括以下两种：

①语法学家的思维和气质。
②语法研究的对象和目的。

对于同一语料来说，由于使用了不同的研究方法，其建构的体系也会存在很大差异。

第二节 语法结构及其成分

一、语法结构

对语法结构及其成分的全面了解有利于形成对语言的整体认知。

世界上任何一种语言都至少包括三个部分：语音、词汇和语法。所谓语法是指一套系统的语言使用与理解的规则。"没有词汇，我们无法表达；没有语法，我们不能很好地表达。"如果说词汇是建筑材料，那么，语法规则就是施工的蓝图。没有蓝图，建筑材料永远只能是"一盘散沙"。因此，学好语法是我们学好英语的必要条件。

英语语法分词法和句法两大部分。

（一）词法

词法部分主要介绍词的种类、词形变化、词的用法规则等内容。

按照词的意义、形态和功能划分，英语词汇有名词、动词、形容词、副词、代词、数词、介词、冠词、连词和感叹词这十大类词。这十大类词又可分为实义词（或实词）和结构词（或虚词）两大范畴。前六类属实义词，数量众多，在句子中可以独立担当一定的成分；后四类属结构词，数量有限，在句子中只能表示各成分之间的关系，帮助构成各种句子成分或各种时态、语气、语态等。每一个词都属于一定的词类，不同的词类在句中担当不同的成分。

因此，在学习英语单词时，我们不仅要记住词的发音、拼写以及词义，而且还要记住它们的词类，只有这样，才能更好地理解和使用所学单词。

1. 名词

名词不仅是词性的一种，也是一种实词，除此之外，名词可以构成独立的句子。

（1）名词的分类

名词按其词义可分为专有名词和普通名词。

（2）名词的句法功能

名词在句子中可以充当主语、表语、宾语、定语、状语、补语、同位语。如：

Mary is a teacher.（主语，表语）

He has a dog.（宾语）

She is a famous woman writer.（定语）

He came yesterday.（状语）

The American people elected Obama as their president.（补语）

This is Mr Lee，our teacher.（同位语）

2. 冠词

冠词是一种虚词，放在名词的前面，帮助说明名词的含义。

冠词包括不定冠词 a/an，定冠词 the 和零冠词三种。

3. 代词

所谓代词，不仅是词类的一种，还可以对名词、名词词组或从句进行代替。对于大部分的代词来说，它不仅具有名词的相关功能，也具有形容词的功能。代词按其在句子中的意义、特点和功能可分为以下九类。

人称代词，指代人或事物名称的代词。

物主代词，指代人或事物所属关系的代词。

反身代词，指代施动者本人的代词。

指示代词，表示"这个""那个""这些""那些"等指示概念的代词。

相互代词，表示代词之间的相互关系。

不定代词，即不指明代替任何特定名词或形容词的代词。

疑问代词，表示"谁""谁的""什么""哪个"等的代词。

连接代词，用于引导名词性从句。

关系代词，用于引导形容词性从句。

4. 数词

表示"多少"和"第几"的词叫数词。数词分为基数词和序数词两种。

（1）基数词

表示数目的词是基数词。

（2）序数词

表示数目和顺序的词是序数词。

5. 形容词

形容词，是语言的主要组成部分之一，存在于许多语言中。一般来说，形容词主要用来对名词或代词进行修饰，从而能够对人或物的性质、状态和特征的程度进行表示。

6. 副词

副词，不仅能够对动词进行修饰，还能够对形容词和副词等进行修饰，除此之外，还可以对时间地点、方式等进行表示。

副词主要分成以下几类：

时间副词，修饰动词，表示动作发生的时间。

地点副词，修饰动词，表示动作发生的场所。

程度副词，对形容词和副词的程度进行修饰。

评注性副词，对整个句子进行修饰，表示说话者的态度，用于连接句子或从句。

连接副词，连接句子或从句，引导名词性从句或不定式。

关系副词，引导定语从句。

疑问副词，引导特殊疑问句。

7. 动词

动词是用来描述或表达动作的词。根据其在句中的功能，可以将动词分成实义动词、情态动词、系动词和助动词这四大类。

8. 介词

介词是一种虚词，一般置于名词之前，对后面的名词和其他词间的关系进行表示。介词可以分为以下四种：

①简单介词。

②复合介词，由两个简单介词组成。

③二重介词，有两个介词搭配而成，但没有复合介词那样固定。

④短语介词，由短语构成（通常在名词之前和之后分别有一个介词）。

9. 连词

连词是连接单词、短语、从句、分句或句子，并表示它们之间的逻辑关系的一种虚词，在句中不单独做一个成分。

连词按其性质又可分为：

①并列连词。并列连词用来连接并列的单词、短语、从句或句子，它们之间的语法地位是平等的。

②从属连词。从属连词用来引导名词性从句和状语从句。

10. 感叹词

感叹词用以表示喜、怒、哀、乐等感情或情绪，它没有实意，是一种虚词。

感叹词是句子的独立成分，一般位于句子的开头。但有时也可位于句子中间：如果表示强调时，感叹词后使用感叹号；如果不表示强调，其后通常使用逗号。

（二）句法

句法部分介绍句子的种类、结构、功能等内容。

1. 主语

所谓主语，即一个句子的主体，表示句子说的是"什么人""什么事""什么东西""什么地方"等。可用作主语的有单词、短语、从句乃至句子，一般在一句之首的位置。

2. 谓语

谓语或谓语动词，用来陈述或说明主语的动作和状态，通常而言，谓语跟在主语后面。谓语的构成分为简单动词或动词短语。

3. 表语

所谓表语，其功能是用来对主语的特征、状态和身份进行表述。系动词在系表结构中只充当了形式上的谓语，但是表语则起到了真正意义上的谓语作用。

4. 宾语

所谓宾语，即用来对动作行为的对象进行表示，并且一般情况下在句子中充当动作的承受者。

5. 补语

所谓补语，即对主语和宾语意义进行补足的句子成分。所谓主语补足语，即对主语意义的句子成分进行补足；所谓宾语补足语，即对宾语意义的句子成分进行补足。

6. 定语

所谓定语，即用来对名词的品质和特征进行说明的词。形容词、名词、代词、数词、副词、不定式、动名词、分词、介词短语、从句和句子等都可以作为定语。

7. 同位语

当两个句子成分在同一位置指向同一事物时，其中一个句子成分能够对另一个句子成分进行解释和说明时，我们可以称前者为后者的同位语。

8. 状语

状语可以用来对动词、形容词、副词等进行修饰。状语能够对时间、地点、原因、目的、结果、条件、程度、方式等进行说明。

二、句子种类

（一）陈述句

所谓陈述句，即用来对事实和观点进行陈述的句子。在陈述句的句末要用句号，一般用降调。

（二）疑问句

所谓疑问句，即用来进行提问的句子。在疑问句的句末必须使用问号。疑问句主要有七种，其中包括一般疑问句、选择疑问句、附加疑问句、特殊疑问句、感叹疑问句、修辞疑问句、反问句。

（三）祈使句

所谓祈使句，即用来对请求、命令、劝告、建议等进行表示的句子。祈使句的主语常为第二人称"you"。句子末尾用句号或感叹号，通常用降调。祈使句表请求时应加"please"。

（四）感叹句

所谓感叹句，即用来对一些强烈感情进行表示的句子。一般而言，在感叹句句末不仅可以使用感叹号，而且也可以使用句号，同时使用降调。

（五）there be 结构

在英语里，比较常见的一种句子结构就是 there be 结构。它基于引词 there，然后紧接着动词 be 的各种形式，再然后才是主语，一般而言，在主语之后有用来对时间和地点进行表示的状语。虽然它更像一种倒装句，但如今也成了一种相对自然的词序。

三、句子类型

（一）简单句

简单句有"主语＋谓语""主语＋谓语＋主语补足语""主语＋谓语＋宾语""主语＋谓语＋宾语＋宾语""主语＋谓语＋宾语＋宾语补足语"等五种基本结构，其他各种句子基本上皆由此五种句型缩略或扩展而成。

（二）并列句与复合句

并列句由两个或两个以上的简单句并列而成。其中，"简单句＋等立连词＋简单句"为比较常见的并列句结构。一般情况下，我们将这种简单句称为分句。而复合句是由一个主句和一个或一个以上的从句构成。

（三）直接引语与间接引语

对于直接引语和间接引语来说，它们二者都作为宾语的形式存在。所谓直接引语，即对别人的话进行直接引述，一般情况下要放在引号的里面，并且第一个词的首字母必须大写；所谓间接引语，即用自己的话对别人的话进行转述。由此可见，这两种引语都需要由动词进行引述，一般情况下，间接引语总是以宾语从句的形式出现在句子中。

语法结构用于指代一种或多种功能添加语言的句法结构，涉及传统意义和语言层面的结构使用。在句法层面，可以区分出语言中任何结构的外部或内部特征。结构的外部句法特征是指整体结构的特征。换句话说，说话的人在更大的句法语境中知道与结构相关的所有方面内容。以下是对结构的详细分析。

1. 句子的线性结构

传统句法研究者认为，句子只是由单个单词组成的线性结构。简而言之，当我们写或说一个句子时，句子中的单词会按顺序出现；听者或读者也会依次听到这些单词。由此可见，句子中词语的有序排列，充分对句子的线性结构进行了表明。例如：

The boy likes the girl.

在写这一句子时，就是按照主语、谓语和宾语逐一写出的，读者也是按照这顺序读这句话的。这就很好地体现了句子的线性结构。

2.句子的层次结构

句子虽然具有线性结构特征，但是对句子的理解并不仅仅停留在认识简单的线性词序层面，因此结构语言学家提出了一种比较复杂的结构，即句子的层次结构。

四、语法结构与成分分析

下面就结合树形图成分分析法、直接成分分析法以及向心结构和离心结构分析法对语法结构进行分析。

（一）树形图成分分析法

在句子成分分析中，经常会使用树形图，在树形图中需要将常用的语法单位用标记呈现出来。

（二）直接成分分析法

在直接成分分析法中，一个重要的概念就是直接成分。1933年，美国语言学家布龙菲尔德提出了直接成分分析法。直接成分是第一次分解句子后生成的成分，最终成分是最后一次分解句子后生成的句子成分。直接成分分析法是对句子结构进行分析的一种主要手段和方法。

（三）向心结构和离心结构分析法

向心结构和离心结构是根据成分分布以及成分间的相互关系对句法结构进行分类和分析的两大方法：

①向心结构。通常而言，名词短语、动词短语或形容词短语都属于向心结构，主要是因为它们的成分都从属于中心词。

②离心结构。通常离心结构包括基本句、介词短语、谓语结构和系表结构。

第三节　认知语法的基础与核心

一、认知语法的基础

兰盖克反复强调，认知语法只具备以下三个单位：①音位单位；②语义单位；③象征单位。

索绪尔在《普通语言学教程》中提出符号的任意性原则，他用同一个所指在不同语言中有不同形式来证明这个原则。《普通语言学教程》中还提到"象征"（英译本用"symbol"这个词），说有人用"象征"来指代。"象征化"中的"象征"正是《普通语言学教程》所说的意思。认知语言学认为人类的普遍认知能力会映射到语言中，也就是说，认知语言学认为有些能指和所指之间有一点基于认知的联系的根基。这种联系就是理据，语言单位的可分析性就是可以找到这种联系。

兰盖克承认索绪尔符号任意性的相关观点，然而却认为索绪尔夸大了这一原则。兰盖克认为，对于一些多语素的符号来说，是可以进行分析的，并且一些语言结构是合理的，例如"staple"与"-er"组合之后表示的肯定是一个事物。博林格（Bolinger）在《语言要略》中表达的观点与兰盖克的观点一样，认为语言既有任意性也有规约性。

兰盖克"象征单位"思想的建立在一定程度上受索绪尔的符号观的影响，然而却与索绪尔的符号观大不相同，一方面，他认为不能将音位单位和语义单位进行分割，这可视作批判形式主义理论的基础。在运算的过程中，形式是没有意义的，在运算结束的时候，通过对应客观世界，符号串才能获取意义。除此之外，他认为象征单位＝音位单位＋语义单位。这样，语言就是象征单位的集合。但另一方面，兰盖克与索绪尔在对待两者的结合是否具有理据性这一根本问题上又存在重大分歧，兰盖克强调了音位单位与语义单位之间结合时的象征性（理据性）。

在索绪尔符号学理论的长期影响下，毋庸置疑的是"符号"具备任意性的这一观点，但是"象征"却恰恰相反，在象征物与被象征物之间并不是任意所为。

二、认知语法的核心

兰盖克首先批评了把语言分解成离散成分的做法。把语言分解成离散成分就是把句子分解成词、语素，结构语法和生成语法都是这样的做法。哈里斯（Harris）在《结构语言学》中谈了这种思路，就是先分解、归纳出词类，然后再考察词如何构成短语、短语如何构成句子。生成语法跟结构语法一样，其基本单位仍然是分布功能类，兰盖克书中的批评对象是生成语法。兰盖克说这种做法忽视了固定短语，如"responsible for"。结构语法还可以分析固定短语的结构，但生成语法没有办法处理这类现象的生成过程而是将其置入词库中。

兰盖克一直认为词素、词、词法和句法是一个连续体，所以区分词和大于词的结构是没必要的，它们之间的区别主要体现在以下三个方面。

①后者比前者所包含的象征单位要更多一些。

②后者比前者的结构要更复杂一些。

③一般而言，词法是一个由自由词组成的语法单位，一个词的词素往往是黏性的，而这个词则有一定的自由度。

因此兰盖克主张用象征单位和构造这两个概念来对语法做出统一的认知解释。

一个词素是一个象征单位，两个或数个词素并置后，经过整合就形成了一个句法上相对复杂的表达，这就叫语法构造。象征单位、构造图式分布于语言的各个层面，这就可将分析词素、词汇、词法和句法的方法进行统一。由此可见，对词汇意义的认知进行分析的方式也可以用来对语法构造进行分析。语言交际的最小需要，或分析语言的最小需要就是语音、语义以及两者之间的连接，将语法分析归结为象征单位正体现出这一最小需要。

第五章　认知视角下的语用学研究

随着在知识领域的不断研究与探索，人类在语用学研究方面，已经取得了重大的成果。与传统的语用学研究不同，认知视角下的语用学致力于解析语言的表达与理解，并且与当代认知语言学理论相结合。在本章中，主要就是对认知视角下的语用学及其相关内容进行研究。

第一节　认知语言学与语用学

一、语用学概述

与其他相关学科相比，语用学并没有什么不同，它也需要一个完整的、准确的定义，但是说起来容易，做起来确有一定的难度。差不多每一本语言学的书都开宗明义地给语言学下了这样的定义：语言学是一门科学地研究语言的学科。毫无疑问，这个定义几乎是无懈可击的。但应该看到，这样一个定义具有极高的概括性：什么是语言？又怎样对语言科学地进行研究呢？对一个从未接触过语言学的人来说，这样的定义只能使他对语言学有一个十分抽象、十分模糊的认识。我们也许可以按照同一个模式来给语用学下定义：语用学是一门科学地研究语言运用的学科。这个定义同样是无懈可击的，但也同样是高度概括和十分抽象的。定义要有概括性，但同时也要有一定的具体性，过于概括或过于具体都会使定义失去意义。莱文森（Levinson）列出了近十个语用学可能的定义，并对它们做了评论，我们不妨看看这几种具有代表性的认识。

第一，在语用学研究中，主要内容是对一组句子不规则的原因进行解释，或者阐述为什么有些话语明明不符合规则却仍然正确的原因。

第二，从语用学的功能角度出发，也就是说，在进行语言研究时，希望利用非语言胁迫的原因来解释语言结构的某些方面。

第三，语用学并不是与所有的语言知识都有关系，例如与语言结构的描述就毫无关系，但是与语言的使用原则的关系却非常密切。或者，引用乔姆斯基的能力和应用上的差异，语用学只跟语言运用原则相关。

第四，语用学主要研究的是语言和语境之间的关系，在语言的结构中，这种关系被语法化或编码，换而言之，语用学不仅研究语言和语法的书面形式，还研究这些形式所对应的语境之间具有何种关系。

第五，语用学主要研究内容是语言和语境之间的关系，并且说明那些关系对于解释语言是非常重要的。

第六，语用学所研究的内容并不是很广泛，主要是对指示词语（至少是其中的一部分）、含义、预设、言语行为，与语篇结构的部分内容之间的研究。

第七，在语用学研究中，主要的研究内容是语言使用者的能力，其中能力主要涉及语言者是否能将句子与适当语境匹配。

第八，在语用学研究中，语言结构占据重要的位置，不仅是语言结构的语境依赖的各方面，还涉及与语言结构几乎没有关系，甚至可以说是根本没有关系的语言应用和理解原则。

第九，在语用学研究中，研究范围并不是语义理论的所有内容，而是那些没有纳入语义理论的所有意义方面的研究。例如，盖兹达语用学主要研究的就是这一方面，它所研究的那些话语的意义的内容，主要指的是不直接涉及说出的句子的真值条件的内容。简而言之，指的是语用学是意义减去真值条件的结果，在这里真值条件指的是句子是真的并且合乎客观条件的条件。

此外，英国学者克里斯特尔（Crystal）在《剑桥语言百科全书》中明确地指出，在语用学研究中，研究的是各种因素之间的关系，例如，那些在人际交往中，支配着我们的语言选择，而且在这种选择之后会对别人产生影响的因素。语用学目前不是语言研究的一个连贯领域。

国内也有一些语言学家对语用学下过定义，不同的人对语用学研究的定义差异也很显著，其中人们普遍认同的有这几位：第一位，索振羽，他认为在不同的语境之中，话语意义如何正确地表达，以及怎样准确地理解，并且对意义正确表达和准确理解的基本标准进行深层次的挖掘，这些内容才是语用学研究的主要内容。第二位，何兆熊，他认为语用学主要是一种对意义的研究。第三位，刘大为，他认为在语用学研究中，主要的研究内容是指人们（使用者）在特定环境中使用语言的能力。

笔者认为，语言学研究的是有关语言体系及其在一定语境中的运用的理论假设，语用学就是对这些理论假设在一个个具体社会生活领域的推广和应用。就其整体而言，语用学不是一个体系完备的学科，而是一种不具备充足理论形态的理论，是一种学术视野，一种学术角度。在语言学研究中，语用学仅是其中的一小部分，语用学的研究主要涉及，在一定语境中，人如何使用语言的学术视野、方法与问题。

二、语用学相关领域

（一）认知语用学

根据相关研究证明，认知语用学研究涉及的是一个十分宽泛的领域，因此将它视为一门独立的语用学分支是毫无科学道理的，可以将它视为对语用现象的研究视角或认知概述。对语用学的研究，是以认知为落脚点的，主要分析其中的语言使用与语言理解，在人际交往过程中，认知基础发挥了重要的作用，所以，交往活动少不了认知基础的参加。如今，关联理论及其推理模式在语用学和认知交叉研究中的应用最广泛。在这里不得不提的是莱文森，他曾说，在关联理论中，认知的一般理论才是语用学应该研究的重点内容，所以在西方语言学界，被称为"认知语用学"。当然，对于认知语用学的理论，我们不能仅仅局限于关联理论，还应该突破思维的限制，利用认知语言学、认知心理学和其他学科的理论模型，共同构建一个完整有序的解释语用现象的综合理论框架。

（二）跨文化语用学

在语用学研究中，跨文化语用学为其重要的组成部分。它的研究主要是因文化差异而产生的语用问题，导致文化差异的原因主要是人们用第二语言或外语交流时不能灵活的转变而出现的。通常情况下，在使用第二语言时，如果出现相应的礼仪习惯时，人们自然而然地使用母语中的交往习惯和交际策略，更有甚者直接将母语中的内容生搬硬套到第二语言中，这些都是因为文化差异，才会产生的语用失误。类似现象就是跨文化语用学探讨的重要议题，从这个角度来说，不论是外语教学与学习，还是对外汉语教学与学习等之间，均有着密切的联系。所以，这就提示我们必须深入地进行语用学研究。在学习语言时，关键就在于系统地对比两种语言的语用成分，通过对比这一过程，找出应用等方面的差异，如两种语言在含义、前提、施为用意、类比结构等方面的区别，进而帮助人们更加准确地认识和更加灵活地运用这两种语言。人类语言学视角下对比语用学研究更具有现实意义和社会意义，它可以促进不同国家之间语言和文化的相互理解和交流，促进人类共同的繁荣进步。

在语言学研究中，社交语用学被包含其中，在这一领域的跨文化研究社交语用学与社会语言学存在一定联系。两者不同之处在于不同的研究焦点：如何具体地使用语言，才是研究语用学的根本目的，所以，社交语用学研究重点应该在于探索话语的表达与意义的社会特征上，换言之，社交语用学主要研究社交因素中的影响话语生成与理解的成分；而社会语言学则从社会的角度研究语言的特征和表现。社交语用学涉及的范围十分广泛，比如不同文化背景下交际者的语言习惯和特点、社交文化条件下如何才能做到语言的得体与合适、不同语言（如英语和汉语）之间的语用差异、使用第二语言或外语时因语言文化差异而出现的语用失误等。

（三）计算语用学

简单来说，在研究语言使用和语境之间的关系时，从计算机的角度出发。这样做的原因就是为了建立对话话语和对话语境之间关系的计算模型。在第十届国际语用学研究会上，计算语用学和网络语言的语用探索是学者们关注的新兴议题，例如，举世闻名的斯特芬·拉森（Stefan Larsson）和罗宾·库珀（Robin Cooper）等人，大胆创新，敢于打破常规，在研究语用学时主要对计算语用学与对话、机助网络交际、基于语料库等内容进行了详细的探索。在这一研究中，在进行新的语料库分析方法时，主要研究怎样使现代计算机科学开发的信息处理方法发挥作用，以及在收集各种交流场合中出现的语言现象时，如何才能让互联网的作用全部发挥出来。

（四）语用学与语际语用学、语言教学

语际语是两种语言之间的中介与过渡，所以说并不是一种独立的专门的语言，因此在语际语之中最少也要展现出两种语言的某些特质。从这里可以看出，语际语的内容不仅涉及学习者的第一语言或母语的某些特征，还涉及第二语言的部分特征，甚至是第一语言与第二语言中都难以找到的独立特征。简单来说，语际语指由第二语言学习者形成的关于目标语言的非固定和暂时的知识。从这个意义上讲，以语用学为出发点，语际语用学就是研究第二语言习得或第二语言学习过程中出现的中介语，主要涉及中介语都有哪些类型和特点、产生的原因、会对交际产生哪些不利的影响和语用失误等。20世纪70年代末80年代初，语际语用学的研究就已经拉开了大幕，其实在此之前就已有了语际音位学、语际形态学、语际句法学和语际语义学等。随着时代的发展，人们对于语际语用学的重视程度已经提高了，在语用学中，语际语用学已经成为重要的组成部分并且得到人们的普遍认同。与此同时，在第二语言习得研究中，语际语的地位举足轻重。

另一方面，在语用学研究中，人们不仅仅只关注语际语用学，语言教学及学习也一直受到人们的追捧。在语言教学方面，首先语用学可以用来解决外语教学和外语学习中文化差异导致的语用失误，并探索影响语用学的社会因素，这就是社交语用学。其次，可以用来解析语言结构的功能问题，换而

言之，从语用学角度分析语言，以解决语言结构的差异及其使用原则，这就是语用语言学研究。在语言教学实践过程中，特别是在外语教学中，对于阅读教学、听力教学、口语教学、写作教学等来说，这些研究发挥了举足轻重的作用，具有深刻的指导意义。在如今的外语教学、对外汉语教学中，应该使利用语用知识去指导语言实践成为一种常态。相关研究证明，语言能力强的人不一定有很强的语用能力，拥有高级语言知识的人不一定能成功地进行跨文化交际。类似这样的结论可以提高人们对外语教学和对外汉语教学中文化因素的重视程度。

（五）语用学与翻译

随着时代的发展，人们面临着新的挑战，政治多极化、经济全球化、文化多元化，所有的这些因素都对世界各国之间更密切地交流与合作提出了要求。在交流与合作中，语言翻译的重要性完全地展现出来了，具有莫大的发展前景。在人类文明与发展方面，翻译起到了积极的推动作用，所以各国学者掀起了一股翻译研究的热潮。在这种背景的影响下，翻译已经从简单的双语交流活动发展成一门专业和一门学科，促使我国的翻译事业发展更上一层楼。与此同时，人们在研究翻译时，突破思维限制并不会局限于一个维度，而是从多个角度和维度出发进行研究。人们运用各种理论来研究翻译与其他学科的交叉性、交融性，以不断揭示出翻译的运作机制和内在规律。最近几年，在翻译领域的研究中，文化与翻译、语用对等和语用对比等方面的内容，受到更多学者的追捧，他们试图找到一种与语言学理论相结合的翻译理论。与此同时，在关联理论的影响下，越来越多的学者将自己的焦点集中在语用和认知问题上，在翻译界中，一些学者认为涉及大脑机制的明示—推理的过程就是翻译。在言语交际过程中，代码仅仅是翻译的一个组成部分，其中还涉及语用推理，即必须是在关联的动态语境下，而进行推理的必要条件就是关联性。因此，作为一种交际的翻译，对源语的理解和翻译时语码的选择所依据的也是关联性。

在这里值得引起注意的是，在人际交往的翻译中，必须提高对语用移情的重视程度，这主要包括两方面的内容：中国英语和中国式英语。假如我们以语用学和翻译为落脚点和出发点，对中国式英语或中国英语进行处理，将有助于促进翻译研究以及翻译和语用学之间的结合，这样做的影响是十分积极的。很显然，在翻译中遇到文化差异时，要做出正确的选择就必须从翻译理论与语用学的结合中寻找答案。译者目的不能局限在翻译的内容，还应该对读者起到引导作用，帮助读者正确地看待外国文化，使他们脑海中出现的图像或联想尽可能接近原作的预期效果。

三、语用学的发展

（一）成为独立的学科

对于语用学来说，1977年发生了一件重大的事情，在那一年荷兰阿姆斯特丹正式出版《语用学杂志》，这在语用学史上具有里程碑式的意义，因为它标志着语用学已经成为一门独立的语言学新学科。

在《语用学杂志》的第一期发表了一篇社论《语言学和语用学》，在社论的开头就已经明确地指出，从广义的角度出发，语用学是研究语言使用的科学。而且这篇社论宣称，正如一些学者在历史上所说的那样，语用学的这种定义与语用学没有"直接联系"，在这里要注意联系是绝对存在的，但并不是直接的联系。这篇社论中谈到，希望在研究问题的解决方式时，借助于内部和外部两种方式。外部方式指的是，从具体的实践角度出发，对语言的语用学下定义。内部方式指的是，在研究本质上，科学的语言运用是约束语言使用的条件。《语言学和语用学》将语言学家对于语言学的基本观点诠释得非常清楚。在这篇社论中，语言学家主张在语言的语用学研究中，主要是研究自然语言的语用学，与此同时还提出在研究语用学时，相关学者不要把精力浪费在阐述抽象的语言能力上，而是集中主要精力描述特定的语言表现。在运用这种条件时，必须注意它的限定范围即在社会和社会内部。语言学家属于社会中的一分子，所以语言学家研究的对象也应该在相同的社会条件下开展。

（二）进一步完善

经过相关学者的推动，语用学在20世纪80年代的时候，已经趋于完善，这主要表现为四个方面。

第一，在1983年的时候，主要人物是莱文森与利奇，他们分别出版了《语用学》和《语用学原则》。这两本书在当时的语用学研究领域引发了轰动，被称之为两本最优秀的教材。首先要介绍的是莱文森的《语用学》，这本书中主要针对的是20世纪80年代初以前语用学研究的各种理论，莱文森经过仔细的探索和科学的分析之后，清晰明了地向人们介绍了语用学的基本理论和方法，并且明确划分了语用学研究的领域与主要的研究内容。从这个角度出发，这本书可以说是较为系统和完整的语用学教科书的开山祖。这本书主要分为七个章节对语用学进行介绍，分别为语用学的范围、指示词语、会话含义、预设、言语行为、会话结构、结论。其次介绍的是利奇，在他的《语用学原则》中,概述了语用学研究的范围,并且将语义学和语用学之间的关系介绍的十分清楚,在此基础上探讨了多种语用的准则与原则,特别是"礼貌原则",以便用"合作原则"来合理解释一些难以解释的话语。我们不得不称赞这本书真的是非常优秀。在这本书中主要是通过十个章节来论述语用的知识,依次为绪论、一组假设、形式主义和功能主义、合作原则的人际功能、得体准则、人际修辞的综述、交际语法、一个例子、施为句、英语里的言语行为动词、回顾与展望。从80年代初的整体状况来说,莱文森的《语用学》和利奇的《语用学原则》已经是当时的最高水准了。

第二,国际语用学学会成立于1986年,并把他们的学术出版物规定为《语用学杂志》和《语用学和其他学科》。

第三,1987年"新格赖斯会话含义理论"问世,其提出者是莱文森。

第四,随着语用学的发展,《语用学:语言适应理论》出版,其作者是范叔伦。

除此之外,随着人类文明的不断进步,人们对语用学的研究也在逐渐深入。例如《语用学》,它是于1996年出版的,作者为尤尔(G. Yule),刚开始注意到它的是哲学家,并不是语言学家,它经历了一个哲学的探索过程,在70年代的时候才开始有语言学家关注它,并且由此进入语言研究领域。语用学成为语言学的一门独立的新学科,是在70年代末80年代初。如今,语用学研究已经相当完善了。

四、语用学的研究方法

语用学作为语言学一个独立的分支,历史不长,但其理论发展非常迅速,研究不断深入、扩大。语用学每一理论的提出都引起众多专家、学者的探讨和实证研究。近年来,由于研究人员采用的研究方法、对数据结果的解释以及对理论本身理解的不同,在语用文学中,对于同一问题的研究并不是统一的,有时会出现不一致甚至矛盾的结论。所以,人们开始思索是不是研究的方法出现了问题,并将研究的重点转向了研究方法。无论是什么学科,都必须要重视研究的方法,这直接决定研究的结果。这是任何与人类交流研究相关的学科中最基本的问题,即使是语言学习和适当言语行为规则的研究也不例外。

在进行语言方法的划分时,主要的依据标准是不同的研究对象和目的,根据这一标准将语言方法划分为三部分内容:首先是逻辑方法;其次是观察方法;最后是实验方法。三种方法各有自己的优缺点,所以在选用方法时要根据当时具体的情况,例如在研究语言系统时,主要采用的是逻辑方法,但是在研究语言使用时,主要选择观察方法。有时在研究语言使用时,也会采用实验方法。语用学研究涵盖领域是非常广泛的,并不是所有的研究都采用一种研究方法,必须根据不同的研究目的和主题需要选择不同的研究方法。有时候,在同一研究中,学者会同时使用两种方法,这种情况很常见。我们在研究语用学时,主要把它分为两类,即实证研究和理论阐释。这两者的研究方法并不相同,在实证研究中,普遍被人们选用的是观察方法和实验方法。但是在研究理论阐释中所选择的是逻辑方法。实证研究主要涉及的是通过语料的收集、分析,对人们或自己提出的理论、假设进行验证。理论阐释主要涉及的是语用专家对某些语用现象的假设和解释。比如,在日常言语交际中,格赖斯提出人们普遍遵循合作原则以及数量、质量、关联和方式等准则。这些内容的提出主要是依据在言语交际中,并不是单方的努力,而是交际的双方都希望合作并在交际中取得成功的问题。再比如说,利奇针对人们在日常交际中常常故意违反合作原则这一现象,提出了礼貌原则,解释了人们为何说话时会声东击西、不愿坦率明言等。这就是在研究理论阐释中选择了逻辑方法。

在观察方法中,主要有定性研究和定量研究两大类研究方法。其中,与实验方法相比,定量研究具有相同的地方,在研究问题时,都是以假设或者问题为出发点,但是也存在有区别的地方。例如,定量研究是客观的描述语言现象,这个语言现象有特定的范围,即必须是存在于自然语境下,不掺加任何的个人主观成分,并且不会控制自然条件下的影响因素。在进行定量研究时,既可以是探索性的,也可以是演绎性的,不会设定具体的限制。比如研究人员既可以从某一现象的一般问题出发,了解更多的有关这一现象的信息,也可用于对先前的假设进行验证。而实验的方法则必须是分析性的,它一般只用于对先前的假设进行验证。实验方法的最大的特点是研究人员经过精心的设计,对他们感兴趣的现象中的各种变量加以控制和操纵,使某些要观察的现象集中地显示出来。其最简单的形式是改变一个变量——自变量,同时观察该变化对另一变量——应变量产生的影响。操纵和控制是实验方法中保证效度的重要方法。观察方法和实验方法相辅相成:观察方法用于考察现象、发现问题;实验方法则对发现的问题进行集中、系统的观察。

人类学和社会学的研究方法,是定性研究方法的主要来源。在描绘他人群体的行为时,大多数学者都会选择这种方法,并不会将其束缚在对他人的群体研究之中。实证主义,是定量研究的主要来源,定量研究主要侧重于事实、关系和原因。典型的定量研究方法在检验假设时,是利用实验使用客观手段和适当的统计分析。近年来,定性和定量这两种研究方法的区分变得越来越模糊了。赖卡特(Reichardt)认为定性研究与定量研究在许多方面已难以区别了,研究人员无法在遵循一种研究方法的原则时,不考虑另一种方法及其价值。尽管定性研究与定量研究在概念和方法上存在不同,但这种区别就研究的实施来说不是两分的,而是一个定性—定量研究的连续统一体。

无论是定性研究、定量研究还是实验方法都要收集语料。语料的收集极为重要,它对最终的结果起着决定性作用。因为语料的收集先于语料分析,语料分析如果出了问题,发现后可以弥补,但因语料收集的方法不当而引起的问题却是无法弥补的,其研究结果的价值也是值得怀疑的。沃尔夫森(Wolfson)曾指出"我们必须牢记:如果语料有问题,无论我们怎样做,总是有这样的危险,那就是,以这些语料为基础的研究得出的理论和结果是不可靠的。要弥补这一缺陷是不可能的"。因此,我们要善于运用语料收集方法来进行研究。

五、语用学的语用价值

《语言学和语用学》这篇社论不仅代表着《语用学杂志》的出生,对于语用学来说,还有其他的重大意义,因为它肯定了语用学的地位。社论主张在语言研究中,语用学能够带来一系列的关键问题,在限定的范围之内,语言学与语用学之间是可以画上等号的,并且提出语用学包含所有的语言学知识,从语用语言学的角度出发,它的本质是基于对限制人类社会行为的基本规律的研究。按照客观实际来说,这种说法确实被夸大了。

语用学从交际的角度出发,研究语言的相关内容,极大地推动了语言的进步,所以我们坚信语用学为语言研究打开了一扇新世界的大门。研究人员已经意识到,在研究语言时仅仅局限在语言系统、结构上,是远远不能完成任务的,研究语言的使用也是必要的。在言语交际中,语用学研究提出了正确表达和准确理解语言交际中语篇意义应遵循的理论、方法和配套的原则和规范。这在人的精神建设方面发挥了重要的作用,有助于培养人们的语用能力和语言修养。在此基础上,语用学研究还有另外一个优势,能够密切与社会语言学、心理语言学等学科建立联系,缩短它们之间的差距,并且有利于推动修辞学和文学研究的快速发展,在语用对比(外语教学、不同语言之间)研究、人工智能研究等方面,现实意义显著。

六、语用学的学科本质

皮尔士(Pierce)提出的符号学包括三个部分:语形学、语义学和语用学。

但是第一次明确地对此加以阐述、使之逐渐为人们知晓的是莫里斯（Morris），而且卡纳普（Carnap）也接受了这种观点。在初期的著作中，莫里斯主张这三部分全都指的是一种关系，其中在语形学研究中主要指的是符号之间的形式关系。在语义学研究中主要指的是符号与符号所指对象的关系，语用学的内涵主要指的是符号与符号使用者的关系。经过莫里斯的不断探索，从行为主义符号理论中借鉴经验，对这三个术语重新进行了调整和修正，语用学不再是某种关系，而是隶属于符号学，主要研究的是符号产生的原因，符号该如何使用以及在行为中产生时将会发生怎样的影响；语义学主要研究，在各种表示方式中，符号的所代表的意义；在符号关系学研究中，并不研究符号的具体意义与包含这些符号的行为之间的关系，主要研究的是符号的各种组合。对于符号学三个部分的划分，卡纳普与莫里斯早期的看法是比较一致的。但有一点不同，卡纳普的划分仅限于自然语言和逻辑演绎。在卡纳普看来，分析词语意义时，语义学和语用学这两者不能混为一谈，这代表了两种不同的形式，两者最大的区别在于，语用学时立足于经验，主要研究历史上形成的自然语言，但是在单纯的语义学研究中，主要研究的是构造起来的语言系统。从这个角度出发，描写语义学就包含于语用学之中。

就其实际意义而言，语用学的研究范围主要就是研究意义。在语言学中的意义理论研究只有一种语义，它对语言的意义进行了静态描述。语用学已成为语言意义理论的研究，是对语言意义的动态描述。总而言之，语言意义理论并不是指的一个单独的学科，它包含两个独立的学科，即语义学和语用学。两者存在着很大的差异：首先，两者研究的状态不同，前者研究语言的静态义，后者研究语言的动态义；其次，前者主要研究的是语言的规约意义，研究语言的真值条件，后者则研究语言使用中说话人所表达的意义，这个意义的表达以语境和意图为大前提。1983年，利奇介绍了语义学与语用学之间的区别，主要是语义学揭示的是一种二元关系，而语用学揭示的是一种三元关系，他采纳了语义学与语用学互补的观点。语用学可以分为分相研究和综观研究，这涉及学科的界定问题。著名的逻辑学家理查德·蒙太格（Mortage）提出，语用学研究方法应当仿效语义学研究运用的模型理论概念。他认为语用学不同于语义学的地方在于：语用学不仅着眼于语义解释，而且考虑到语境的使用。易仲良认为，语用学是阐释交际双方发话、受话过程的不可或缺的语言学科，能解释语义学、句法学难以解释的某些语言现象，能使一些描述性语法规则获得理据性。

第二节 认知视角下的语言行为构建

一、分类

在言语行为的三个上位范畴——信息性、强制性和建构性言语行为中，最后一个范畴即建构性范畴包含的小类型最多。这一结论既适用于表情性言语行为也适用于宣布性言语行为。世界上的不同文化都有许多仪式，而大多数仪式都与人类生活的情绪方面有关，这些礼节性的仪式可以通过语言来表达，也可以通过非言语动作来表达。比如，在大多数文化中，人们在见面时都会互相握手来向别人表示致意和问候，其实，我们也可以用语言来执行这一礼节，而且所使用的语言可以很随便，也可以很正式。

对这些言语行为进行分析，可以发现在非正式的一端，有许多例行的言语行为，如问候、告别、感谢、安慰、道贺、祝贺、道歉等，即使是"Good morning"这一最简单的打招呼的行为也可以视作是表情性言语行为，它们最初的功能是希望好事发生在别人身上。告别语"goodbye"派生于"God be with you"，其告别的意思已经深深固化于英语中，以至于人们对它的原意已经视而不见，它也仅仅成为简单的礼节用语，但是它仍然代表一个重要的社交现实。尤其是当人们相互问候时，我们会感觉到与礼节有关的表情言语行为的价值。对于大多数表情性言语行为，我们仅仅使用极为简单的语言如"hello, hi, goodbye, bye-bye, farewell, bye now, see you later, thanks, cheers, well done, congratulation, I'm sorry, OK"等。这些非正式的礼节言语行为的共同特征是它们常常都有一些缩写形式一些重复形式，而且常常有一些与感叹词的组合形式。正是在这些非正式的情境中，我们的语言使用可以体现出最大的创造性，其中有些新形式很具有典型性，如用"hi"代替"hello"，用"cheers"代替"goodbye"，用"all right"代替"how are you"。

我们可以在下面的一段播音用语中看到表情行为的一个比较正式的例子，这段播音是由BBC的播音员代表一位英国娱乐圈的明星所说的，这位明星取笑了很多英国女子曲棍球的女性同性恋者。

例句1：

That's just his wacky sense of humour and his regular listeners understand that he's not antigay and no intention of offending anyone. If they have been offended, we are very sorry and apologize on his behalf.

上面这段话语作为一个整体是一个表情性言语行为，它的交际意图是道歉，但是，在这一语段中，我们可以发现还有服务于该意图的一个基本意图。起初，播音员向听众通报这样的道歉所蕴含的基本假设：你不能冒犯别人，如果你不想冒犯他们的话。但是播音员愿意承认人们可能感觉到是被冒犯了，而且向那些感觉被冒犯了的人由 BBC 代表那位娱乐圈内的人士表示道歉。这种代表某个人向公众进行的道歉要求执行道歉行为的人必须首先被授权才能去进行道歉，"we"这一形式的使用正是表明了这样的授权。最后的一个句子也做出了另外一个非常重要的区别，使得这样的区别非常清晰。"we are sorry"和"we apologize"这两个短语表明存在着隐含（implicit）和明示（explicit）两种言语行为，两个短语都清楚地表明了道歉人的歉意，但是"be sorry"这一短语本身是一个隐含性的言语行为（通过这样的表达，说话者表达了后悔和抱歉的感觉），使用"be sorry"，使言语行为以非明示的方式得以执行。但是动词"apologize"却兼而执行了两种言语行为，既执行了一个表情性言语行为，同时又明确地表达了那一表情性言语行为的含义。正是由于这个原因，"apologize"这个词被称为执行动词（performative verb），它的定义是指既可以描述一个言语行为又可以表达该言语行为的动词。这就解释了为什么我们可以说"we are sorry"，但是却不可以说代表别人"sorry"，因为"be sorry"仅表达歉意，而不能描述进行道歉的行为，也就是说，"be sorry"是一种意念，而"apologize"则不仅仅是意念，重要的是它还是一种行为。

在正式—非正式连续体的另一个端点是宣布性言语行为，这一行为极为正式，需要有正式的仪式程序并且要指定具有代表性的人物来执行，如裁判一场足球赛，主持宗教洗礼或结婚典礼，主持法庭听证、辩论和宣判，发布通知，宣布遗赠，任命官员就职，宣战等。宣布性言语行为具有极高的"呆板"特征，这样的言语行为通常会提及执行言语行为的人，通常使用"我"的形式，或者使用"objection overruled"一类的被动结构；而且必须使用简单的一般现在时态，因为在建构性言语行为中，说和做是一致的；而且，如例句 2-a 所示，它们不能单独被宣布，而必须在一个特定的精心准备的仪式上或特定时段来使用。因此，在一个结婚仪式上，牧师或主婚人必须要问新娘或者新郎例句 2-a 中的问题，而他们必须要使用"I do"来回答这样的问题，或者使用一个完整的句子如"I hereby take you as my lawful wedded wife"，接着，主婚人宣布例句 2-b 中的句子加以确认：

例句 2：

a. Do you take X for your lawful wedded husband?

b. I now pronounce you husband and wife.

例句3：

I hereby sentence you to three years' imprisonment for your part in the crime.

例句4：

The victim was pronounced dead on arrival.

如例句3所示，副词"hereby"标志该言语行为中执行行为所发生的时间和地点。这样的正式性的仪式化表达方式常常包含一个执行动词如"declare，give notice，pronounce"等。然而，最后一个例子不是一个由医生所做的证实某人已经死亡的言语行为，但是它却进一步证明了可以以不同的方式使用类似"pronounce"这样的执行动词。在例句2-b的句子中，执行动词"pronounce"用于携带建构一个新的现实的交际意图；在例句4中，"pronounce"用在一个不同的语境之中，仅仅描述一个情境，该情境被执行为一个极为正式的场合提供信息的言语行为。

二、措辞得体的条件

得体条件是指允许说话人做出成功的言语行为的实际条件，这些实际条件与所有三种言语行为都有关。在信息性言语行为中，说话人，如一位医生，必须首先自己本身拥有正确的信息，其次，他必须被授权向询问信息的人传递有关的信息。在指示性言语行为，如做出一个命令的言语行为中，说话人必须处在向级别比较低的人行使命令的位置，比如，在大多数文化中，雇员或儿童是不能向雇主或父母发号施令的。

得体条件在宣布性言语行为中表现得尤其明显，如例句2-a中的问题所示，必须满足各种条件才能使得一个正式的言语行为（如结婚）显得得体。只有当所有的条件都满足了，宣布性言语行为才有效；如果这些条件中的一个条件得不到满足，言语行为就可以被合法地加以反对并被宣布为无效，因此也就不会被正确地执行。法庭上诉中所发生的对庭审案件的反对就是如此，如果发现庭审案件的记录与有关程序相违背，那么整个宣判行为就会失效而且可能会被推翻。因此，如果没有正式授权的人士如牧师、市政官员、大使或者他的随员、公司的经理或领导来宣布一对夫妇的婚姻，婚姻就不具有正式的官方身份或地位。类似的得体条件不仅适合于宣布，而且适合于日常的表情性行为中的仪式。因此，当你想对某个人的生日、婚礼或升迁向他表示祝贺时，如果你搞错了人或在错误的场合执行了言语行为，或时机本身不成熟，那么这样的祝贺就是无效的。换言之，你是在祝贺方面做出了不得体的尝试。

不管人们采取什么样类型的建构行为，这里有一个简单的法则：言语行为必须包括正确的人、正确的时间和正确的场合。只有当所有的条件都满足了，言和行两者才是成功的。否则，就不存在"做"，不存在行为的执行，而只是说了一些不着边际的礼节性辞令。

第三节　认知视角下的强制性言语行为与礼貌

一、信息问题与指示之间的区别

尽管人们在自己的大多数言语行为中使用礼貌策略，但是在指示行为和信息问题的动机和结果上存在着许多差异，如指示行为"May I have the salt, please?"和信息问题"What's the time, please?"两者的动机和后果是有区别的。

在问讯信息时，说话人不能确定听话者是否具备必要的知识来提供所需信息，因此，大多数信息问题都使用如例句1-a中的疑问句，如果听话人回答说他/她不知道所问的问题（如例句1-b），他/她不应该因不能提供所需信息而受到谴责，因为说话人没有理由怀疑后者不告诉真相：

例句1：

a. Can you tell me when the next bus leaves?

b. I am sorry, I don't know.

由于听话人回答说自己不知道，不能提供信息，问话的人应该承认他/她的确不知道，并不是由于某种原因不告诉问话人。拒绝提供信息的理由一般包括有关个人生活或财务事务等方面的秘密。在所有与这些问题有关的情境中，礼貌原则要求人们不要介入，但是在除此之外的任何情境中，人们一般会认为可以提出所有可能的信息问题。如果会话对方应答说他/她不知道答案，会话的另一方就不能追根问底了。因此，提出信息问题与发出请求或给予命令相比，强制性程度较低。

例句2：

a. Sarah：Mike,（can you）take the rubbish out, please?

b. Mike：No, I don't want to. Do it yourself.

c. Mike：Sorry, I can't.

d. Sarah：Why not?

e. Mike：I'm late for my train already.

根据有关人们"可为"和"愿为"的常识以及对情境的感知所做的判断，Sarah假定Mike意愿合作因而期望他能帮自己，如果他不帮忙的话，她会期望他做出如例句2-c那样的回答。因此，即使Mike不想听从Sarah的命令，他也不可能说例句 2-b 的"I don't want to",因此例句 2-b 是一个不合适的话语。如果人们不想表现得粗鲁和无礼,可以使用某些策略来避免在接受指示行为时陷入不愉快的境地。

二、礼貌策略

(一)概述

使用如例句 2-a 中这样的句子,因其冲击力较小不会对会话对方产生强烈的责任压力,这一点在交际过程中十分重要,为什么?先看下面的例子。

例句 3:

a. Sue:It's my birthday tomorrow. Are you coming to my party?

b. Monica:Well, I'd like to come, but, actually I've got rather a lot of work to finish for the next day.

在这段对话中,会话双方互相尊重对方的面子。首先,Sue 没有给对方施加太大的压力,她没有使用祈使形式的外显命令如 "Do come to my party tomorrow",而是使用了疑问形式的内隐命令来传递邀请的意图。Monica 也尊重 Sue 的"面子",她没有做出直接的回答,因为这样的直接回答会伤害 Sue 的感情。很清楚,Monica 不想来,因此她想办法向 Sue 解释有关的情况,这样的情况没有给她留有说"是"的余地,这是由于某些重要的事情使她别无选择,只能婉拒对方的邀请。

这个例子说明人们在互相交谈时不仅要处理互相之间所说的话的意思,而且要不断处理两者在交际过程中的关系。会话一方向对方说出自己的想法、愿望和感觉很重要,而同样重要的是要考虑对方对自己所说的话会有什么样的想法、愿望和感觉。参与会话的双方应该考虑如果自己说出真正想说的话对方会不会感到不安?对方会不会不再喜欢自己而终止双方的交际,自己应该如何表达想说的话才能继续保持交际关系?这些问题都会极大地影响到我们在交际过程中对词语的选择。在交际的互动过程中,交际的参与者都希望得到别人的认可,人们一般会以特定方式来展示自己特定的身份并希望这样的特定身份得到他人的注意,因此人们都会设计和投射自己特定的形象,这样的交际身份通常称之为面子。

在交际过程中,人们努力建立和维护自己的面子,而不希望丢面子,人们希望自己的愿望和感觉得到会话伙伴的理解和认可,希望在与别人交际会话时受到对方的喜欢而自己也产生愉悦的感觉。在大多数情况下,人们也希望传递让会话伙伴产生良好的自我感觉的信息。为此,人们积极使用大量的礼貌策略，即尽可能表示对别人"面子"欲望的理解和赏识。

现在来分析这些策略的使用在会话中对于密切关系（"社交加速"）或疏远关系（"社交制动"）的作用。在一段会话的开始阶段，人们一般只使用礼节性的话语如"How are you""Nice to see you"等来表示自己对他人的兴趣并以此奠定进行实质性交际的双边基础。人们相互传递信号表明会话通道是畅通的，双方都有进行交际的愿望。在这样的会话"寒暄"阶段，人们一般会进行一些无关实质、不痛不痒的小对话，所谈论的事情无非是天气、气候、体育比赛或政治话题等相对中性的话题，不过于涉及会话双方的愿望和感觉。这些"安全主题"从会话主题的角度来看并不重要，但是对于建立交际的双边基础却具有举足轻重的意义。

然而，大多数交际并不会只集中于"安全主题"，进行交际的基本原因之一便是向别人传递自己的想法和愿望。不管是使用信息性言语行为还是强制性言语行为，每一个"不太安全"的直接指向听话人的言语行为都可能会影响或者威胁到他的面子。比如，在执行一个强制性言语行为时，人们是为了表达一个自己想做某件事情的愿望或者希望别人去做某件事情的愿望，如果使用外显形式的祈使句来表达这样的愿望，那就是使用了直接言语行为，即坦率而直接地陈述了自己的交际意图，这样的言语行为有可能会伤害一个人的自主权。如果觉得这样的直接言语行为会被听话人认为是有损他的面子，那么可以采用内隐形式的指示性语句。这些内隐形式的指示称为间接言语行为（如例句 4-b ～ 4-e），人们可以从这些表示间接言语行为的句子中选择适当的不太损伤别人面子的句子来表述自己的交际意图。

例句 4：

a. Shut the door.

b. Can you shut the door, please?

c. Will you shut the door, please?

d. Let's shut the door, shall we?

e. There's a draught in here.

盎格鲁文化中存在着抑制祈使句 4-a 而褒扬疑问句 4-b、4-c、4-d 的文化脚本，尽管朋友之间使用祈使句是完全可以接受的，但是当说话人和听话人不太熟悉或者当听话人处于较高社会地位或比说话人更有权力时，使用祈使句就是不恰当的。使用像"Shut the door"这样的祈使句对听话人具有最强烈的冲击力，一般还是不用为好。而使用语气和缓的祈使句本质上不会被看作是对会话者面子的损伤。大量的会话情境要求使用这类间接性言语行为，比如，设想一个人打开了办公室的门，结果是一阵强风穿堂而过，大小纸张满屋飘扬。这样的情境可以看作是一种突发事件，秘书可能会对自己的上司脱口而出："Shut the door." 如果在这样的语境下使用礼貌策略会显得有点儿不伦不类。工作环境和任务指向性的行为中的指示语同样也以简洁为原则而不会使用礼貌原则，如计算机的指令 "Insert diskette and type：set-up." 所有这些都没有过多的礼貌用语。

如果说话人是一位学生，而听话人是一位教授，那么关上门这样的请求就应该以不同的方式通过简洁言语行为来提出，即用 4-b、4-c、4-d 中的例句提出。这样过于礼貌的话语又显得有点咬文嚼字、文文绉绉，从形式上看违反了量的准则，但是却遵从了礼貌原则。

（二）分类

1. 主动礼貌策略

主动礼貌策略是向听话人表明说话人理解和认可听话人的需要，比如，说话人可以使用如例句 4-d 中的包括我在内的句子 "Let's shut the door" 或者 "We really should close the door"，这就像中文的"咱们"和"我们"的使用，体现出说话人对听话人在认可程度上的差异。"我们"潜含着将听话人排斥在外的含义，可以观察到，如果有两个以上的会话者参与一个会话，说话人过多地使用"我们"，从字面上看似乎是把听话人归到一个对立面上去了。主动礼貌原则甚至可以用于公共场所中禁止某些行为的条例，比如在一个禁止停车的地方，一位彬彬有礼的英国警察甚至可能会对一位正在违规停车的司机说："We don't want to park here, do we?" 主动礼貌策略也使用在对别人的赞美之中，如 "Oh, these biscuits smell wonderful. Did you make them? May I have one?" 这一策略也在团体内部称呼形式的使用中体现出来，如 "Give us a hand, son." 而团体内部称呼形式实际上就是中文里面的"咱们"和"我们"的使用形式，这几个语例体现了交际原则的跨语性质。笔者认为礼貌策略的跨语性质是一个非常值得研究的课题，它既属于语言研究的范畴，也属于跨文化研究的范畴，运用实验认知语言学和实验心理语言学的方法进行实证化的研究，分析和探讨中外人士的跨文化交际中礼貌策略的使用，将是一个极具前景的研究领域。

2. 被动礼貌策略

被动礼貌策略是向听话人表明说话人尊重听话人的意愿，而不是把自己的意图强加给听话人，如例句 4-b 中的 "Can you shut the door, please?" 即是如此。在这句话中，说话人不是命令，而是问听话人能不能做一件事。另一种可能性是问听话人是否愿意做某件事，如例句 4-c。更为礼貌的形式是使用诸如"Would you"或"Could you"等短语引导一个言语行为句子。从这些语句的使用来分析，说话人似乎没有把握或者不能确定听话人能不能或愿不愿去做，因此说话人完全没有强人所难的意图。不管是主动礼貌策略还是被动礼貌策略都不会伤害对方的面子。

如果把间接言语行为看作一个量表，那么在该量表上最能够表现礼貌策略的那一端，人们可以用例句 4-e 中的"There's a draught in here"来表达内隐性的交际意图。这样的句子强化了说话人执行言语行为的理由。正如我们在例句 a 和例句 b 的语境中所讨论的那样，听话人必须推论这句话的会话含义，即要把门关起来。这样的会话含义通过转喻原则起作用，因为句子只外显性地提到了交际情境的一个要素，也就是行为的理由，但是这一要素却代表整个会话含义，即完成内隐请求所表达的意图。其实，这个句子仍然执行了伤面子的行为，不过是以一种间接语气来执行的。

有时候人们会认为一个请求会对听话人的面子产生太大的伤害和威胁（而且由于它的不恰当性，它同时也对说话人的面子造成伤害，使得他自己下不了台），因此这样的请求完全不能说出口，譬如说，如果一个重要人物正在做一个晚宴演讲，你就不可能发出一个请求让其他听讲的人去把门关上，而最好自己去把它关上。

第四节　认知视角下的信息性言语行为与合作

一、会话预设和常规预设

信息的交换包括信息发送和信息接收两个环节。为了尽可能有效地进行交际，在信息交换的这两个环节中，信息的发送者——说话人和信息的接收者——听话人都应该理性地猜测到对方已经具备的知识、清楚地知道自己所做的预设、准确地理解说话人的话语含义以及听话人必须要进行的推理。会话知识、预设、会话含义以及推理都是重要的认知资源和认知过程，认知语言学从新的角度对这些认知现象进行了分析和探索，得出了不同于以往语用研究的成果。

一般来讲，我们不会向一个自己完全不认识的人提出例句 1-a 中的信息性问题，因为从认知的角度看，这样的问题包含这样一个预设，会话双方的认知资源中都具有会话所暗含的认知背景和会话知识，即会话双方互相之间是非常熟悉和了解的。

例句 1：

a. Jane：Hello, where are you taking the kids today?

b. Peter: To the park, I expect. They love going there.

在这样的会话中，会话双方非常熟悉而且以前就有交往并且有过会话。这样的情况称为背景知识，会话的背景知识是指会话双方认为某种事情当然会发生的知识。比如，Jane 知道 Peter 经常带孩子出去玩而且总去不同的地方。会话中认为某事必然会发生，这称为会话预设（conversation presupposition）。

Peter 还没有定下来今天去哪里，而只是想去公园。Jane 和 Peter 都有很多必然性的知识，如知道附近有一个公园可以带孩子去玩，这样的必然性知识在认知语言学中称为世界知识（world knowledge），通常通过语法手段加以标示，如使用定冠词。由于这样的知识从语法上看非常明显，所以它是常规预设（convention presupposition）。像这样的常规交换包含有预设元素，说话人可以假设别人知道这些预设元素或者这些元素可以很清楚地通过言语情境表现出来，因而被认为是理所当然的，是必然的。

互相之间不认识但是却属于同一民族或文化社区的人可以共享文化预设（cultural presupposition），文化预设同样属于这里所讨论的常规的有机部分，如地方、历史事件、国家机构、政府机关、选举、公众人物等。在我们身处其他文化的人群中时，常常难以理解其他国家的人所谈论的某些话题，就是因为我们不具有这样的文化预设。有时候，这种跨文化的交际会因为文化预设的不足而引起某些交际的不和谐，如笔者在英国做访问研究期间，曾经发现一位正在英国留学的中国大陆学生在与一位来自非洲埃塞俄比亚的学生寒暄时，因为不知道该非洲国家而使非洲学生产生不快。下面是他们的对话：

例句 2：

a. I don't know your country.

b. You don't know my country? We ever has the communist system in our country!

例句 2-a 的这一回答引起了那位非洲学生的极大不快，他（例句 2-b）立刻争辩。显然，这位非洲学生知道中国现在是共产党领导的社会主义国家，因而他内心有一个预设，中国学生也应该知道曾经实行过这一制度的埃塞俄比亚。请注意这里的动词 "have" 的误用，这是英语为非本族语的外国留学生在情绪状态下犯的错误，说明他对认知资源的分配不均衡。同样，笔者在英国期间，有时候会注意到几个英国人用地道纯正的英语在寒暄，但是他们实际在讲什么，比较难搞清楚，这大概也是文化预设使然。对于这一现象，笔者以一个语言研究人员的身份和已经在英国定居和工作多年的中国人讨论过数次，他们也认为在英国多年，但是很难理解英国人所讲的笑话，对英国式的幽默也没有太多的感觉。可见，语言教学中的跨文化教学绝不仅仅是一

个纸上谈兵的理论问题。在一场关于即将到来的大选的电视讨论中,下面的话语给予了电视观众极好的感觉:

例句3:

嘉文夫人:In my street, everybody votes Labour.

这一话语的解释包含着极强的文化背景,在这样的文化背景中,存在着一个两党体制下的定期民主选举,同样,在这样的文化背景中,当处在一个人际关系相当密切的社区中,有可能知道和了解到邻里的投票意向。同样的话语放在一个截然不同的语境中时,将可能导致彻头彻尾的误解。比如,假设嘉文夫人作为一个正在旅行的英国观光者对一个她偶然认识的中国人说例句3中的话,可以想象后者将会不知所云。这位她刚刚认识的中国人甚至可能不会理解这里所说的"everybody"不能从字面上理解为每个人,他也可能不理解"everybody"要包括妇女和年轻人但是不包括儿童,他还有可能不理解并不是每个有选举权的人都会去投票。因此例3中的这一个很短的例子说明人们是根据自己与同一或类似的文化社区中的交际伙伴所共有的文化知识来做出大量预设的。

二、合作原则和会话准则

从上面的例句3中短短几个词中可以看出这样的事实:虽然话语很短,但是却暗含如此丰富的信息,并且假设有很多的信息应该被听话人所理解。如此之多的信息不能仅从字面上理解,有趣的是这样的短短几个字,任何人都有可能不能完全把它们解释得非常清楚。但实际上,我们在交际时总是试图把它们解释清楚,并且在许多场合喜欢这样做。这有赖于人们对若干"不言自明"的规则或原则的遵守,这些规则或原则也叫作"准则"。根据语言哲学家格赖斯(Grice)的分析,人类进行交际的基础是遵守下列具有普遍意义的合作原则:"Make your conversational contribution such as is required at the stage at which it occurs, by the accepted purpose or direction of the talk exchange in which you are engaged."

这里的祈使形式并不意味着说话人必须完全这样去做,而是说它们是合作交际的内在规则。在这一指导性的原则框架内,格赖斯提出了四个具体原则,称为会话准则,他认为这四个准则可以指导和支配所有的合理交际。

(一)质量

努力使得你的话语真实:①不说你认为不真实的话。②不说你没有证据的话。

质的准则要求人们只提供自己有证据支持的信息。假设 Bill 问 Smith 一场体育比赛的结果，如"Do you know who won yesterday?" Smith 不知道结果，给出了下列其中一个答案：

例句 4：

a. No, I don't.

b. I bet Chelsea did.

c. Chelsea did.

在第一个答案中，Smith 是"真实的"，因为他说他不知道，他不具备有关的信息。在第二个答案中，Smith 仍然是"真实的"，因为他使用了"bet"间接地表明了他不知道结果，但是却有很好的理由"假设"Chelsea 会赢。只有在第三个答案中，Smith 是不真实的，因为他发出的信息表明他似乎知道正确信息；他这样回答不一定是在撒谎，而只是断言一个他自己并没有证据的事情。

（二）数量

使得你的话按照要求尽量具有信息量（为了当前的信息交换目的），但不要使得你的信息超过所需。

量的准则意味着会话一方提供自己所拥有的所有必要信息给会话的另一方，满足对方对信息的需要——不多不少，恰到好处。假设一位司机在一个星期天刚好用完了汽油并问 John 哪里是最近的加油站，John 用下面的其中一个答案回答他：

例句 5：

a. There is a petrol station round the corner.

b. There is a petrol station round the corner, but it is closed on Sunday. The next one is eight miles ahead.

c. The petrol station round the corner is closed on Sunday, but you can fill up there if you have a credit card.

如果 John 知道加油站星期天不营业而用例句 5-a 回答他，那么他就提供了太少的信息因此而违背了量的准则，只有例句 5-b 或 5-c 的回答体现了说话人在这段会话中的合作性。

（三）关联

话语要有相关性。格赖斯本人把关联准则称为关系准则，该准则可以通过一个异常的例子得到说明。我们通常不会直接回答一些询问性的问题，这也许是因为我们不知道答案或者是因为我们认为提问题的人自己可以解释我

们所做出的回答。因此,乍一看,例句 6-b 中的答案似乎不是一个有关联的答案:

例句 6:

a. Anna:Did Tony Blair win the election?

b. Bill:The paper is on the table.

这样的回答的确在 Anna 的问题与 Bill 的答复之间没有明显的关联。但是在格赖斯看来,如果仔细分析,说话人还是遵守了会话中的合作原则,尽管表面看来似乎并非如此。如果我们假设 Bill 的回答是合作性的,而且他的话语与问题关联,那么,可以通过关联准则推断报纸上登载有该问题的答案。

(四)方式

方式准则可以通过一个反面的例子加以说明。下面的会话片段是从《透过镜子》中摘录出来的,可以看作一段非常典型的不合作会话,因为它似乎违反了方式准则的每一个分则:粗略一看例句 7 中的大多数话语要么完全不够清楚明白(例句 7-b),要么具有歧义(例句 7-c),要么不简洁(例句 7-d),要么无序(例句 7-e)。

例句 7:

a. "There's glory for you." said Humpty Dumpty.

b. "I don't know what you mean by glory. " Alice said.

c. Humpty Dumty smiled contemptuously. "Of course, you don't, till I tell you."

d. "I meant, there's a nice knock-down argument," Alice objected.

e. "But glory doesn't mean a nice knock-down argument," Alice objected.

f. "When I use a word," Humpty said in a rather scornful tone. "It means just what I choose it to mean—neither more nor less."

的确,这看起来像一个特别不合作的会话,在这个会话中,会话双方互相显得完全"含糊其词"。如果仅从字面上来理解 Alice 的观点,那么这个话轮只能是含糊其词的,因为这样的话就完全把所有的隐喻从人们的正常合作策略中剔除出去了。Humpty Dumpty 向 Alice 提示的是她从一个非常好的辩论中获得荣誉。从概念性隐喻的意义上说,辩论就是战争,这样好的一场辩论具有在讨论中击倒对方的力量展示,就像在战争中打倒对方获得胜利一样,一场精彩的辩论同样会带给赢得辩论的一方以荣誉。因此 Alice 在 7-e 中所批评的对象实际上是语言的隐喻化使用。正像她所反对的那样,"荣誉"的确不一定意味着"一场精彩的击倒对方的辩论",但反之却是如此;"一场精彩的压倒对方的辩论"对于她的确意味着"荣誉"。从中我们发现两个概念性隐喻的结合:"辩论是战争,和赢得一场战争一样,赢得辩论就是荣誉。"人们正是在这个意义上使用大量的隐喻,这些隐喻并不是有意使得人们的话语变得含糊其词,而是表达某种程度的领悟,而这样的领悟用语言的字面意义是不可能表达出来的。这也就是所谓"意会"和"言传"的对立,有些话语只可意会,不可言传,而"意会"和"言传"本身所包含的认知过程是极为丰富的。

如果对格赖斯的方式准则做过分狭义的解释,那么这一准则就不再站得住脚了。但如果我们接受这样的认识和观念,即隐喻和转喻是日常语言的有机组成部分,而且对于人们的意义表达非常必要,就会发现许多看起来在表面上完全含糊或者歧义的话语实际上并非如此。因此,方式准则必须扩展而且应包括修辞语言在内,这是认知语用学不同于传统语言学的重要发展。除此之外,还应该认识到方式准则具有高度的文化特异性,每一个文化对于方式准则都具有不同的规范和界说。

总体而言,虽然合作原则和会话"规则"在不同的文化中具有不同的体现,具有极为明显的文化特异性,但是合作原则仍然是一个具有普遍性的原则,会话准则构成了某些基本的语用或人际普遍原则,在所有语言体系中具有普遍性和适用性。

三、会话含义和常规含义

按照第一个会话准则即质的准则的分析,具有合作性的说话人应该以合作态度说真实的话,没有这样的前提,会话将无法进行下去;如果说话人有意对于人们周围世界的事物随意地进行真假陈述,而不加上任何的标志向听话人说明哪些是真实的陈述而哪些又不能仅仅从字面上去理解,那么交际过程将终止。

会话必须按"质"和"量"进行,那么,在会话过程中,说话人有必要完全说出真实的情况吗?他是否一定要尽可能说出更多的信息?就像量的准则所规定的那样?答案是否定的。因为如果说话人太过于明示自己的交际意图,那么他虽然促进了听话人对交际意图的理解,但是却有可能使听话人感觉到信息过剩并且因此产生某种受辱的感觉。

因此,在交际过程中,不应该提供多余或过量信息而使人们感到厌烦,听话人必须推论一个会话中的信息和交际意图在多大程度上具有隐含性。最具有代表性的内隐交际意图的例子是例句8中家庭场景中的抱怨:

例句8:

妻子对丈夫:You left the door of fridge open.

根据关联准则、量的准则和方式准则，听话人应该"听懂"这样一句话语的言外之意，而不仅仅是其字面意思。这样一句话语应该解释为一个要求针对情景做出某件事情的请求，而不仅仅是对一个情景的描述。妻子的描述以转喻的方式代表了整个情景，即冰箱的门通常是关着的，而现在却是开着的，所以应该采取相应的行动来解决这个问题。

有时候，人们的话语从表面上看似乎完全不相关，即使对于明显违反规则的话语也应该以合作的态度加以解释。请看例句 9：

例句 9：

a. How do you like my new hairstyle, Francis?

b. Let's get going, Mathilda.

在这个对话中，Francis 对主题所做的彻底改变是对说话人应该遵守不说不真实的话这一规则的明显违背。对 Mathilda 的问题的合作性回答应该是 "I like it a lot." 或 "I think it looks awful." Francis 对这一规则的明显违背并不是误解，而是具有它自己特定的意义。Francis 没有对问题做直接的正面回答，而 Mathilda 从这样的间接回答中所推理得出的含义是对她的问题的对应性回答，可能会让双方都觉得难堪。

会话含义是推理出但是却不从字面上在言语行为中表达出来的信息。例句 6、例句 8、例句 9 中的含义依赖于会话，因此其含义是取决于语境的。在有些情况下，话语的含义不一定是真实的。

常规含义是依赖于语言表达的含义，这就是常规含义不能删去的原因。格赖斯关于常规含义的一个著名的例子是连接词 "but" 的对比意思的分析。语境决定性方面的差异在例句 9 和例句 10 中表现得非常明显。

例句 10：

The flag is red, but not completely red.

例句 11：

John is a Republican but honest; and I don't mean that there is any contrast between being a Republican and being honest.

在例句 10 中，可以使用 "but" 来否定第一个从句的含义，也就是说，旗子不完全是红色的。同样的道理也适用于例句 11 中分号前面的部分，这一部分包含了一个常规含义，即用定义的方式在共和党人和诚实之间进行了一个对比，分号后面的从句则又表达了一个矛盾的说法。因此，整个句子就很有问题。

下面来分析一个同样也包含有 "but" 一词的句子的常规含义。假设 Peter 和 Carl 两人正在打网球，一会儿 Peter 说：

例句 12：

It's not a sugar spoon you're holding, Carl, but a tennis racket.

Peter 使用了 not-A-but-B 结构，这样的对比结构表达了一种纠正。Peter 的话语违背了"质"的准则，因为他完全知道没有人会认为 Carl 手里拿的会是一个勺子。Carl 却因此推论说话人恰恰违背了会话准则，他会假定对方是以合作的心情讲这番话的，Carl 会努力理解对方想要传递的信息。这里最具有可能性的解释是 Carl 握网球拍的方式好像是拿了一个勺子一样，也就是说他没有找到握拍的感觉。这样，这个句子如果从字面上理解，认为 Carl 真的觉得自己是拿了一个勺子，就产生讽刺效果了。

从上述例子可以看出，会话含义不是由于遵守会话准则而是由于违背会话准则而产生的，即准则的违背。需要注意的是违背不同于欺骗，违背包含着某种程度的公开性，也就是对准则的明显违背，而欺骗是以对准则的有意违背来蒙蔽听话人，因此说话人努力使听话人相信所言的真实性。在隐喻语言、会话含义或准则的违背等情况下，只要说话人的话语是相关的（关联准则），都属于合作性的交际。因此，在所有的会话准则中，关联准则是最为重要的。而从认知的角度来看，无论是说话人还是听话人，关联都包含着极为重要的认知资源的分配，需要某种程度的推理和推论，有时候还需要会话双方的世界知识的参与。关联准则是认知语用分析的基石，是目前语用认知分析和研究的重点和热点课题。

第六章 认知视角下的语篇学研究

随着社会的进步以及科学技术的发展，语言科学也在快速发展，并且在科学体系中也占据了主要地位。不管我们是作为个体还是作为一个社会存在物，语言都是不可缺少的一部分。那么随着诸多学者不断研究探讨，语言学的研究对象已经从开始的音、词、句上升到了语篇学的研究，现在越来越多的学者开始将重点锁定在句组、整句甚至全文的研究上面。以下主要从语篇研究的概述、衔接与连贯以及认知与语篇连贯这三个方面进行认知视角下的语篇学的研究。

第一节 语篇研究概述

一、语篇的定义

（一）国外对语篇的定义

国内外关于语篇的定义繁多，以下简要介绍几种代表性的观点。

伯格兰德和德雷斯勒（Robert de Beaugrande & Dressler）认为，语篇是符合语篇七要素的一次交际事件，属于使用中的话语。

布朗和尤尔（Gillian Brown & George Yule）认为，语篇属于言语过程，是语言交际行为的记录，不是产品。语言包括口语语篇和书面语篇。

范迪克（van Dijk）用"discourse"通称口语和书面语，尤其强调话语的社会性，并通过对话语中的社会、文化、种族、性别等的批评分析验证话语与社会的密切关系。

韩礼德和哈森（Halliday & Hasan）认为，语篇是一组使用中的语言，是比句子大的语言单位。词组相对于句子来说是小单位，句子相对于语篇来说是小单位，语篇就是由小单位组成的大单位。语篇形式多样，口语和书面语、独白和对话、诗歌和小说、散文和戏剧等都属于语篇的范畴。语篇是"一个任何长度的、语义完整的口语或书面语段落"，语篇表达意义而非表达形式，语篇由句子组成，为表现句子意义。

韩礼德不把词汇、短语和句子等语言单位视为语篇。他的系统功能语法认为，人们实际使用的语言单位为表达完整思想的语篇。人们通过语篇来进行语言交际，各种言语活动由不同语义的语篇构成。

瑞凯玛（Renkema）认为，语篇不仅能用于口语交际，还能用于书面交际，但口语交际与书面交际存在较多重要的差异。

希夫林（Schiffrin）认为，语篇包括口语和书面语中的独白和对话，是超句子的任何语言单位。

詹姆斯·金那威（James L. Kinneavy）认为，语篇既包括口语和书面语中互相关联且合乎逻辑的内容，还包括各种目的的言语活动，如一篇文章、一次对话、一个故事、一篇报道、一次讨论会等。

（二）国内对语篇的定义

胡壮麟扩大了语篇的外在形式范围，把不受句法约束、能表达完整意义和能看得见听得着的"自然语言"都当成语篇。"自然语言"是人们在交际实践中实际使用的言语，可以是一个词、一个句子、一次对话、一首歌曲、一篇散文、一部小说、一场话剧等。

张德禄认为语篇是人们在一定语境中言语交流的实例，可以是人们讲的话，还可以是人们写的文章、演出的戏剧等，从最简短的表述到若干句话，到若干个段落都是语篇。张德禄还认为，语篇是非纯语法意义上的句子或段落，属于意义单位，而非超级句子。

黄国文认为，语篇是由一系列句子或话段组成的语言整体，可以是口头对话，也可以是书面文章；可以是简短对话，也可以是若干段落。语篇必须符合语法、意义连贯，既要做到语篇内部语言连贯，又要符合外界正确的语用和语义连贯。黄国文还认为，大多数学者从系统功能语言学角度将语篇视为一个意义单位和语言使用单位，而不是语法单位。他认为功能上的语篇是使用中的语言，形式上的语篇是大于句子的语言单位。

杨自俭认为，语篇下限明确，但上限却无人界定。徐起起认为，语篇包括口语和书面语，关键在于正确理解其语境。魏在江认为，各学者对语篇的定义不一致、不严密，如部分是语篇，整体也是语篇，形成语篇套语篇的现象。综上诸多定义可见，语篇定义众说纷纭，给语篇下定义并非易事。

二、语篇的特征

关于语篇的特征，研究界有"两种特征""三种特征"和"七种特征"等几种代表性说法。

两种特征说：韩礼德、哈森、胡壮麟、黄国文、魏在江等都认同语篇有层次性和相对性两种特征。

韩礼德和哈森认为，衔接和语域是辨别语篇的基本条件。衔接是语篇特征的重要因素，是重要的语义概念，大多数语篇都表现出一定程度上的链接。胡壮麟认为，衔接贯穿于人们的交际中，表达出说话人的意图，以达成交际目的，一个语篇在词汇、语法、语音、语义等方面都体现出一定程度的衔接。

三种特征说：汤普森（Thompson）认为，语篇有功能、层次及关系三种特征。

七种特征说：伯格兰德和德雷斯勒认为，语篇有信息性、情境性、衔接性、连贯性、目的性、可接受性、互文性七种特征。语篇是具有这七种特征标准的交际性事件，如有一个特征没有满足，就不具备交际性，也就不能称之为语篇。

语篇表达意义相对完整，表达形式却不一定完整，因此没有结构统一的语篇形式。语篇中的句子、段落和章节等不是形式的标记，言语交际中的单句和单段等形式，是语篇的意义与形式的重合。语篇是一个意义单位，其形式取决于其所表达意义，只要符合语义通顺、意义完整、情景一致、结构连贯等交际特征，任何长度的口语和书面语都可认为是语篇。

三、语篇研究方向

（一）语篇认知分析

随着英语语言学研究领域的不断扩大，认知语言学与语篇相结合的研究引起越来越多学者的兴趣，从认知视角研究语篇学成为一个新趋势。认知语言学研究从单句认知发展到段落认知，并伴有语篇化趋势，认知视角可以从语篇的信息结构和语篇中的照应等方面进行新的探索。

语篇或文本的认知分析是认知语篇的重点研究内容。文本中的词和句子本身不构成一个完整性、有机性和生动性的描写。认知语言学研究的不仅是文本本身所包含的词和句子等，更重要的是研究文本的意义，即人们对文本的解释、文本背后蕴含的更深层的含义及解释所依赖的基础。

一个文本不可能包含所有的可以用来解释文本的线索，人们在解释文本的时候会根据自己的理解给文本加上许多内容，使文本解释更加完整连贯，这就是文本表征，即文本中包含的元素和自身对客观世界的心理表征，对整个文本做出的连贯表征，是语篇理解的重要心理机制。语篇理解是一个复杂的信息加工过程。人们在理解语篇时，需要利用语篇中所包含的明示或暗示、语言或非语言的各种信息，构建对语篇的理解。

（二）图式

在语篇研究中，图式经常用来分析文本结构，促进文本理解。在认知心理学家看来，图式可以代表各种文本的结构上的规律性，新闻报道的体裁结构一般要求必须清楚地交代给读者某一事件的六个要素，即 who、when、where、what、why、how，而读者也在自己的阅读过程中自觉不自觉地以这些要素来建构新闻文本的阅读表征，进而理解有关的事件。同样小说、戏剧、散文、诗歌等都有自身的结构和组织特点，这些可以认为是图式的具体体现。这些具体体现的图式指导我们对语篇的理解。

大多数关于文本加工的研究涉及某种推理在阅读时是否得到编码。为了确证阅读过程中所发生的推理，研究人员需要设计合理的研究程序。为此，他们从记忆研究中借鉴了有关的原理，即依赖于线索的回忆，直接地、有选择地激活长时记忆中的有关信息。

（三）语篇理解

瓦尔特·金茨（Walter Kintsch）提出的语境整合模型认为，文本中的词和句子能够联系人们已习得的相关概念和内容，激活这些概念间的循环。文本的概念和记忆中的概念若具有多而强的联系，就会高度激活；若只有弱而少的联系，就不被激活或激活衰退。文本所包含的信息与人们习得的相关信息结合起来，形成文本的意义表征。

文本理解是一种基于记忆的理解过程，即在记忆表征材料的基础上构造一个连贯的心理表征结构，建起文本结构。文本理解的过程包括以下三个步骤。第一，根据最初输入的信息构成一个基础结构；第二，新输入的信息与最初输入的信息相一致时，发展原来的基础结构；第三，新输入的信息与最初输入的信息不相一致时，构建一个新的子结构。

（四）衔接与连贯

语篇是人们用语言进行交际的意义单位。语篇创造者会在创造语篇时有意无意地用衔接来促进语篇上的连贯。有时为提高交际效率会省去一些被人们所熟知和共享的表述，这些表述是理解语篇时必备的一些背景知识，包括社会背景、文化传统及语言习惯等。

连贯基本上不主要展现在指称连贯上，指称连贯即展现在文本内部单个语言表达上；连贯更主要展现在关系连贯上，关系连贯即展现在文本内部各种文本元素之间的联系上。

第二节 衔接与连贯

一、衔接

（一）衔接的定义

雅各布森（Jakobson）最早论及衔接这一概念，他曾于1960年探讨过语篇中由模式和重复构建的语篇平行结构。

伯格兰德和德雷斯勒认为，衔接和语篇的其他标准要相互作用，只有这样才能使交际顺利进行。

韩礼德和哈森认为，衔接是语言系统的一部分，是语篇中的非结构性语义关系。衔接的潜力在于语言本身所具有的的系统手段，如照应、省略、替代、指称、词汇衔接等。衔接是一个语义概念，体现语篇语言成分之间的语义关系，当语篇中的一个解释取决于语篇中的另一个解释时就出现了衔接。衔接既保证了语篇内容的连续性，还构成了语篇的语义整体。

（二）衔接关系

衔接是语篇的语言成分在语言的语法规则上进行相互连接，构成有意义的语义关系形式，被称为连接所有语言单位和模式的方法。衔接的主要手段是词汇手段和语法手段，还较少使用音系手段衔接。辨认语篇是否具有交际性的第一标准是衔接。

衔接关系主要通过词汇和语法系统来表达，此外还有少数衔接通过语音系统来表达。通过语音系统来表达的衔接关系即音系衔接。音系衔接是由音系特征实现的语义联系，表现在音系、语音、语调、韵律、押韵等方面。例如，当作家在作诗时，后句会照应前句的韵脚或韵尾等，形成押韵衔接；当人们提出问题时，一般会用升调进行疑问句，回答时用平调和降调来体现，语调上的升降形成语调衔接。但韩礼德和哈森在著作《英语的衔接》中没有涉及音系特征。

二、连贯

（一）连贯的定义

罗兰特·哈尔维克（Roland Harweg）最早提出连贯这一术语，他于1968年所做的关于衔接与连贯关系的分析具有开创性意义。

温德森（H. G. Widdowson）在区分非语境化和语境化的语料研究中，提出了衔接和连贯这对术语。

范迪克认为,连贯是话语的一种语义特征,体现在话语中的词汇或句子解释之间的联系上。

布朗和尤尔认为,语篇的连贯性是听话人和读者在语篇理解过程中加强给语篇的效果。

伯格兰德和德雷斯勒认为,语篇是由概念和关系构成的语义网络,概念是人们大脑中能够回想的或可激活的具有一致性的认知内容构型,关系是同一语篇中同时出现的概念之间的关系。其中最常见的关系是因果关系和时间关系,因果关系是某一情况或事件影响另一情况或事件的方式,时间关系是事件在时间上的先后顺序。

(二)连贯关系

语篇连贯关系要做到语句连贯、内容连贯及表达连贯等。首先要在语篇顺序上保持话题的一致性,只有句子或段落在话题和角度上一致,语义才能连贯,如叙述一件事情时,每个句子要围绕这件事情的话题,保证话题的前后统一。

其次保持顺序上的合理性,遵循一定的时间、空间或逻辑顺序,由先到后、由外到内、由近及远、由表及里、由主到次等,保持句子之间的逻辑性的连贯,做到语音上的和谐、句式和类别上的统一。

最后保持结构和内容上的一致性,运用词汇和句子呼应和过渡。语篇中常出现一些对偶句和排比句,这就要求要保持结构统一和内容类似,破坏了这种统一就失去了连贯性。用主动句还是被动句,用陈述句还是疑问句,也会涉及连贯问题,如用疑问句提问,回答就要用陈述句来回答。要注意复杂句中分句和分句间的转折、并列、递进、假设、因果等关系,破坏分句间的逻辑联系,就会影响到语义连贯。

伯格兰德和德雷斯勒认为,连贯比衔接更为重要。衔接与语篇中文本信息组织的起承转合有关,连贯将不同概念和关系有机结合,构成一个语义整体,在一定的语境中恰当的联系。连贯是语篇的特征,是语篇中各种成分相互联系和影响的方式,是语篇创造者认知的结果。

一个语篇本身没有什么意义,依靠语篇中所描述的内容和人们的认知相互作用才有意义。语篇在交际上的连贯依赖语篇创造时的情景语境信息和语篇创造者和接受者的语用知识。语篇的连贯是语篇接收者通过语篇语境信息与语篇接收者的认知知识来领悟语篇创造者的意图,语篇接收者对语篇的领悟越透彻,越能感受到语篇的连贯性。

三、衔接与连贯的相关研究

（一）语言的元功能与情景语境因素

以韩礼德为代表的系统功能语言学突破语言研究仅停留在词汇层面和句子层面的局限将其拓展至语篇层面，并以其为基本研究单位，提出了一整套语篇分析的新观点，对篇章语言学做出了十分重要的贡献。

系统功能语言学研究学者认为语言是一种社会符号系统，语言的使用是一种社会行为，语篇是社会交际的基本表达形式；语篇可以创造语境，语境也可以创造语篇；语言系统是可以进行语义选择的系统，创造者通过语言交际恰当选择表达思想，接收者恰当选择理解语义；语言通过三大元功能与三大情景语境因素分别对应发生关系，对语篇做出系统解释。

1. 语言的三大元功能

①概念功能（Ideational Function）：语言可用来反映可能世界中事态（如人、物、行为、事件、经历等）的作用，包括经验性功能和逻辑性功能。

②人际功能（Interpersonal Function）：语言可用来表明建立或保持人们之间各种社会关系的作用。

③语篇功能（Textual Function）：语言亦可表明建构语篇的方法，具有生成书面或口头、前后连贯适合语境的语句的功能使得前两种功能可以通过语篇得以体现。

2. 情景语境因素

韩礼德在介绍了马林诺夫斯基（Malinowski）和弗斯（Firth）对"情景语境"的论述之后，重点分析了情景语境的三大特征，也就是情景语境的三大因素：

①话语范围（The Field of Discourse）：指话语所涉及的内容范围，言语行为的主题社会性交互活动的类型。

②话语基调（The Tenor of Discourse）：话语行为参与者的身份、地位、角色，以及他们之间永久性的或临时性的各种社会关系。

③话语方式（The Mode of Discourse）：话语活动所选择的渠道，在特定语境中选用口头表达还是书面表达，还是两者兼而有之；语篇遣词造句的组织方式、风格。

韩礼德和哈森区分了渠道和语体，前者指口头表达或书面表达，后者指口语体或书面体。渠道和方式可以一致，也可以不一致，如果选用口头渠道进行交际时，可用口语体（如在商店购物），也可用书面体（如作正式报告等）；写信时可用口语体（如随便聊天），也可用书面体（如劝说、论证等）。

他们指出话语范围是通过语言的经验功能来表达的，话语基调是通过语言的人际功能来表达的，话语方式是通过语言的语篇功能来表达的。或者说，经验功能是由话语范围的特征所激活的，人际功能是由话语基调的特征所激活的，语篇功能是由话语方式的特征所激活的。他们就这样十分巧妙地在三大语言元功能与三大情景语境因素之间建立了对应统一的关系，以此来解释语篇在情景语境中所发挥的功能，也就理解了语篇的意义。

（二）衔接与连贯的关系

韩礼德和哈森于 1976 年出版的《英语的衔接》一书，主要分析了英语语篇内的五种衔接手段：指称（Reference）、替代（Substitution）、省略（Ellipsis）、连接（Conjunction）和词汇衔接（Lexical Cohesion），其中主要通过衔接手段来论述语篇连贯。

1985 年，韩礼德和哈森出版的《语言、语境和语篇：社会符号学视角下的语言面面观》一书，对语篇分析进行开拓性研究，进一步分析了衔接手段，扩大其涵盖的范围产生深远影响。

衔接手段分为结构性衔接和非结构性衔接。结构性衔接包括平行对称、主位推进、新旧信息；非结构性衔接包括成分关系衔接和有机关系衔接，其中成分关系衔接又包括指称、替代、省略、词汇衔接，有机关系衔接包括连接关系、相邻对、延续关系。成分关系衔接中的四种纽带可根据它们之间的语义关系分为同类、同指和同延。

在衔接与连贯两者的关系上，韩礼德和哈森好像并没能做出一个完全一致的论述，他们曾说过："句子间的衔接更为明显，因为它们是获得语篇机制的唯一来源。"他们后来又说："衔接是建造连贯大厦的基础。"

从这两句话不难看出，他们将衔接手段看作语篇连贯的必要条件。韩礼德和哈森也说过语篇连贯除了衔接之外还需其他条件（如语域）的话，衔接概念可有效地通过语域概念来补充，因两者可以有效地界定一个语篇。语篇是在这两方面都具有连贯性的语段：在情景语境方面是连贯的，因此在语域上也应是一致的。另外语篇本身也应具有连贯性，因此是衔接的。这两个条件缺一不可，一者也不能包含另一者。

韩礼德又认为语篇连贯有三条标准：除了语篇衔接和语域一致之外，语篇还必须与主位结构和信息结构两者建立联系。

韩礼德和哈森一面说"衔接是建造连贯大厦的基础"，但在另外一处又说："对于连贯做出了重要贡献的是衔接，它在任何语言中都有，是用来将语篇的一个部分与另一个部分连接起来的一套语言表达手段。"这里仅说语言中的衔接手段对于语篇连贯"做出了重要贡献",显然与"衔接是基础""衔接是唯一条件"似乎没能完全一致起来。

但不管怎么说在韩礼德和哈森等系统功能语言学家心中,衔接关系被视为是一种不可缺少的语言手段。他们研究的重点在于分析语篇建构的衔接关系,要紧密注视进入衔接纽带的实际词语,从衔接手段入手来分析语篇连贯。他们进行语篇分析的理论基础是句群是构成语篇的关键要素,是语篇内各成分之间的各种衔接手段,由一些语言单位构成的衔接关系使语篇具有连贯性。这种观点具有一定的适用性,特别对于主要具有形合法特征的英语(尤其是书面语)来说,是有一定道理的。

(三)语义与连贯

连接词语在形式上起着衔接功能,确实加强了语篇的连贯性。但我们也不能忽视使得语句置于一起能取得连贯性的,主要是语句所表达的内容,这些连接词语对于语篇的理解具有认知上的向导性,须从认知角度做出合理的解释。衔接对语篇的连贯和理解起到重要作用,但语篇本身的语义内容才是构成语篇连贯的必要条件,这可以从以下三种现象得到进一步证实。

1. 缺少衔接不代表不连贯

每个语篇(特别是口语语篇)即使缺乏必要的衔接手段,如分句之间没有连接词语,但只要在语义上能通顺理解,仍是一个连贯的语篇。温德森否定了衔接手段是语篇连贯的必要条件,并举了以下几个例子来批评韩礼德和哈森的衔接理论。

例1:

A: That's the telephone.

B: I'm in the bath.

A: OK.

在这个例子中没有连接词也没使用衔接手段,但人们依旧能顺利理解对话内容,所以可以认为这是一个连贯的语篇。

例2:

Twelve-year term of imprisonment.

LONDON, APRIL 10.

The London court has convicted a Brighton resident to twelve years' imprisonment for accessory to murder.

The victim was fatally wounded in a shooting incident in a Winchester restaurant last year.

例2中各分句之间几乎也找不到什么连接词语，句子之间也没有明显的衔接手段，但人们仍能理解这个语篇的内容，所以可以看作是一个内容连贯的语篇。

2. 用衔接不一定就连贯

以下几个例子正好相反，即使语篇中充满指代、连接词和词语重复等衔接手段，但并不能将其视为一个内容连贯的语篇。

例3：

I bought a Ford.

A car in which President Wilson rode down the Champs Elysees was black.

Black English has been widely discussed.

The discussions between the presidents ended last week.

A week has seven days.

Every day I feed my cat.

Cats have four legs.

The cat is on the mat.

Mat has three letters.

例子中使用了大量指代和连接词，后一句包含前一句中的词汇，但是并没有构成语义连贯，前言不搭后语，因此不能将其视为一个内容连贯的语篇。

例4：

I have booked a seat.

I have put it away in the cupboard.

I have not eaten it.

例子中使用了词语重复，看似像排比句，但在内容上没有一点联系，因此不能将其视为一个内容连贯的语篇。

3. 代词没有确切的指称对象

代词的使用千变万化，衔接手段对于语篇的连贯性不是必不可少的条件，有时使用了衔接手段也不一定能构成内容连贯，如下面关于代词的示例。

例5：

I saw headlights coming straight at me, but I was able to get out of its way.

例句中"its"就找不到具体的指代对象。

衔接既不是连贯的必要条件也不是充分条件。正如库克（Cook）指出，实际上，不管多长的语篇都要通过衔接，但这并不等于连贯由衔接创造，连贯不是通过衔接来标示的。

范迪克和金茨认为，衔接是连贯的一个例证。衔接对连贯具有重要作用，但不是唯一方法。当今认知语言学认为，我们应从认知角度对语篇连贯做出更为深入的解释。

第三节　认知与语篇连贯

一、语篇连贯

语篇受信息内容和意义连贯的制约，不是随意的语言片段。意义连贯是由一个或一系列统一的主题或命题组成的意义连贯的语法单位，是语篇意义所涉及的概念和关系构成的连贯语篇。语篇中各个微观部分的主题构成语篇宏观主题，形成统一的整体，表达语篇的中心思想，形成语篇连贯。没有连贯，语篇就不能达到交际目的。

语篇接收者在理解语篇时，提取自身已习得的知识与当前语篇中的知识相结合，建立起新旧信息之间的连贯关系，用自己与语篇创造者的共享知识来认识语篇，达到理解语篇的目的。

（一）指称连贯

一般来讲，文本中含有相当数量的指称性短语，文本的连贯部分产生于用来以连贯方式所讨论的一组概念及其所指，也就是说，在某种意义上，文本的连贯就是指文本中的概念及其所指之间的一致。现代语言学的观点之一是文本词语的所指并不完全与外部世界中的客观事物是一回事，而是人们对这些客观事物的心理映像。这就是为什么人们可以指称那些实际上并不存在但是却可以想象的事物，如独角兽和圣诞老人等。

典型的指称短语有代词（如 she，my）和完整的名词短语（如 the woman，next door）等。指称可以是指文本中提到的其他概念，也可以是指文本以外的事物。前者称为内运指称，后者称为外运指称或指示词。

通过依靠文本语境对它们的解释，这些内运成分对文本的连贯做出贡献，所以说指称连贯是通过内运性而建立的。

并不是文本中的所有指称都具有相等的重要性，有的指称在文本中自始至终都会被提到，有的指称在文本中属于新成分，还有一些指称只具有从属作用。认知语言学对文本中指称短语的这些识别功能所进行的深入研究业已表明对概念给予指称的方式依赖于概念的重要性。譬如说，如果一个对象对文本而言是全新的话，那么就必须对这个概念加以介绍。在自然语言中，至少在西欧语言中，进行这项工作的典型方法是使用一个不定短语，即带有不定冠词或不定代词的短语。

（二）关系连贯

在阅读（或者聆听）一个文本时，除非一个人已经解释了文本的句子或从句之间的连贯关系,如"因果""对比""证据"等,否则就不能说他已经完全理解了该文本。连贯关系是对文本的全方位解释,而不仅仅是对句子或从句进行孤立的解释。有些文本之所以不能很好地说明连贯问题,原因之一便是它里面的句子都是独立的,这样孤立的会话由几组对象组成,而且这些对象都不能完全代表自然语言中通过从句中的事件图式所表达的完整的情景。

这些语境限制在性质上表现出极大的多样性和差异性,一个重要的因素就是风格或文本类型。在记叙文中,读者期望事件之间具有因果关系,因此在记叙文中使因果关系欠具体化就相当常见;相反,在论说文中,作者和读者都期望句子之间的关系要很明确,因此在这类文本中就很少存在欠具体化。如何解释欠具体化连贯的出现呢?在上一章对会话含义的分析中,曾经提到会话的参与者不需要明确地将他们意欲传递的所有信息都表达出来,因为他们可以依赖会话伙伴的合作去进行关联推理。

其实,我们已经看到解释一个文本意味着推导出文本要素之间的连贯关系,这些关系可以通过许多方式标示出来,但是常常还是不够具体,在这样的情况下,一般使用语用含义指导读者的文本解释过程。

二、语篇连贯与认知世界

(一)语篇连贯的认知分析

系统功能学派学者将分析语篇内部的衔接手段和语篇结构作为语篇研究的出发点,但没有从认知角度对语篇连贯做出深入分析。认知语言学家认为,必须从认知角度对语篇连贯性做出分析。

吉冯(Givon)认为,语篇连贯性不仅靠衔接和结构获得,还要靠心智上的连贯性取得。"心理文本的连贯性"是构成语篇连贯的前提条件,也是衔接手段的心理基础。

伯格兰德和德雷斯勒于1981年就从"认知加工、激活相关知识"角度来论述语篇的生成和理解过程。

麦卡锡(McCarthy)认为,必须先构建认知语篇链接,再理解语篇,读者必须进行心智加工,才能将语篇意义连贯起来。

衔接与连贯有辩证关系,衔接有助于实现连贯,连贯是衔接的认知基础,但衔接不是连贯的必要条件。

伯格兰德和德雷斯勒认为,衔接以语篇潜在连贯为依据,表层语篇的衔接在于语篇的推测性连贯。

弗科尼亚(Fauconnier)认为,语言是一个复杂的认知程序触发机制,当认知程序启动后,语言就产生了意义,因此衔接手段与语篇连贯性的关系必须从启动认知程序角度进行分析。

我们知道,人们在论述一个观点时通常会选用与此观点相关联的词组语句,这样才能将该观点阐述清楚,因此,人们总倾向于认为语篇本身就应具有连贯性。

伯格兰德和德雷斯勒认为,语篇使用者会自然看到与语篇相关的事件和情况。

韩礼德和哈森也认为,语篇具有连贯性特征,它能联系成一个整体。在语篇开始之后的任一点,前面所述内容为下文提供了叙述环境。

麦卡锡也持同样观点,我们通常期望书面的或口头的语句能具有连贯性,在交际中有意义,此时词或句就以与传统规定相一致的方式互相连接在一起。

通常人们在理解语篇时,利用语篇中的信息,不断创造连贯性,激活各概念之间的关系,建立语句间的意义联系,构建一个统一的认知世界,或者说把语篇中的各个语句归纳到一个意义框架之中,建立一个统一的主题,获得语篇的连贯性,理解语篇信息。

语篇连贯性不仅是基于表层语篇的衔接手段,更是基于语篇内在认知上的整体性和一致性。因此,应从认知角度分析语篇的连贯,运用认知世界分析法来具体阐释语篇连贯性。

(二)缺省信息

缺省值就是,当我们看一个物体时,不能看到其背面,但是却能通过认知背景知识猜测出背面情况,而且通常也不会意识到自己的猜测有什么问题。缺省信息就是,在人们用语言进行交际的过程中,有时不能把所有信息全都表达出来,不能把内容交代得一览无余,此时就需要对语言做出选择,缺省一些信息,语言接收者通过认知背景知识来理解语篇。人们在进行语言交际时,常常传递了比表面意义更多的信息。

加芬克尔(Garfinkel)认为,人们在进行日常交际时,必须依赖大量的未经言明的背景知识。布朗和尤尔也强调语言使用者的背景知识对生成和理解语篇的重要性。

(三)认知世界分析法

语篇连贯的认知世界分析法主要基于拉考夫(Lakoff)的体验哲学和理想认知模式(ICM)理论,兰盖克的动态方法,以及认知语言学在分析语句上采用的基本认知方式。

认知世界是指，经过人们认知的加工，储存在大脑中的各种知识，既可以是人们共享的知识，还可以是当前语言交际中建立的知识。建立起可被接受的、统一关系的认知世界是生成和理解语篇的重要条件。认知世界知识可分为 ICM 和背景知识。

语篇创造者根据自身的认知世界，在确定一个语篇主题之后，应选择与之相关的语句来表达，不连贯的内容难以构成一个具有完整意义的语篇。语篇接收者在认知世界中运用 ICM 和背景知识，分析语篇连贯性，构建语篇意义整体性，理解完整语篇。此外，也应从认知角度解释衔接手段，因为衔接手段由认知世界所决定，在理解语篇时起到一个导向性作用。

（四）认知世界 =ICM+ 背景知识

1. ICM

根据拉考夫的观点，人们对背景知识不断概括便可形成 CM（认知模式），若干个 CM 可形成 ICM（理想认知模式）。我们基于这一观点将认知世界分为两部分：第一，理想化认知模式；第二，背景知识。这样更有利于解释常规的和特殊的语篇连贯现象。

1987 年，拉考夫提出用 ICM 来解释语义范畴和概念结构的观点，自此 ICM 成为认知语言学中的重要内容。

ICM 与框架、图式和脚本等概念有共通之处，但比它们内容更丰富。ICM 包括命题模型、意象模型、隐喻模型、转喻模型，而框架理论、图式理论及脚本理论只涉及命题模型，因此 ICM 比它们内容更加丰富，也更具解释力。

许多学者曾论述可用框架理论来分析语篇的连贯性和对语篇的理解，如明斯基、库克、麦卡锡、范迪克等。

1974 年，明斯基（Minsky）指出"框架"不仅是含有若干连接节点的网络结构，还是储存于记忆中、表征特定情景的信息结构。人们可以从记忆中提取框架中的信息来作为理解语篇的背景知识。

戈德斯坦和罗伯茨（Goldstein & Roberts）将"框架"视为描写典型事物的知识包，可为信息理解提供缺省细节、保持期望、发现异常。

库克将"图式"定义为"典型事例的心智表征"，他还论述了语篇与图式之间的互动与互补关系，并据此将语篇分为三大主要类型：加强图式型、维持图式型和补充图式型。并认为："图式理论可以通过假设'默认元素'来解释省略。"

肖克和艾贝尔森（Schank & Abelson）等学者主张运用"脚本理论"来分析语篇。

2. 背景知识

背景知识指具体的细节性知识，既可以是交际双方已共享的知识，也可以是当前交际中获取的知识，具有动态性、多变性和特殊性。背景知识受社会、文化、时间、地点等因素的影响，会随语言交际发生变化，不断得到充实和调整。例如，"去饭馆吃饭"这个认知世界中，建立的ICM包含点餐、就餐和结账等被普遍接受的固定套路。

背景知识会发生较大变化的一般是语境情景中一些细节性的内容，或者是还没有被普遍接受的固定套路，如饭馆的位置、名称、特色等，甚至到了饭馆也不一定就是去吃饭的，如下例：

例1：

A：来吃饭了？

B：我是来找人的。

A：为什么不尝尝这里的菜呢？我这儿有熟人。

B：是吗？下次再说。

在这个对话中，就谈不上肖克和艾贝尔森所分析的餐馆脚本模式，也谈不上两人对话是建立在共知的背景知识之上，而是一种临时的特殊情况，两人之间的交际基于动态性的临时知识，B的回答就否定了来饭店就一定吃饭的认知模式，A的第二次问话也没有说动B，还可能使B对"熟人"与"吃好菜"的关系认识不足。

背景知识的已知和新建是处于不断变化之中的，具有互动性，通过语言交际所获得的临时性知识可能会成为背景知识，作为后面会话的基础，这与关联理论中关于动态性认知语境和语境效果的论述是基本一致的。

ICM与背景知识有时会界限模糊，但二者之间也存在互动性，ICM与背景知识的区分受很多因素影响。如英语语言学是英语专业研究中普遍认知的背景知识，英语语言学就成为英语专业研究的ICM，但对于其他专业来说就不能称之为ICM，因此，必须从认知角度对语言交际进行动态性分析。

（五）ICM的特征

1. 体验性

ICM是人们在体验现实世界的基础上，通过主客体互动和认知形成的，具有体验性。语篇连贯性也取决于人们对现实世界的认知，因此必须从认知角度加以分析ICM的体验性。

哲学中辩证法认为，客观世界中的各种事物和现象不是孤立存在的，而是相互依存和相互制约的；唯物论认为，人类的认知来自客观世界，来自人与自然的互动实践。人们通过体验客观世界中各种事物的联系,通过认知掌握客观规律,形成认知模型,构建出 ICM。

体验哲学的观点同样适用于语篇连贯性分析。正是基于掌握的认知规律,人们才认识到语篇的连贯性。如果将现实世界和认知世界中互不相干的事物置于同一语篇中,就构不成语篇内容的照应,语篇接收者如缺乏必要的经验和逻辑推理就难以理解语篇连贯性,难以理解语篇意义。

其实从体验角度理解语篇早有学者提出,伯格兰德和德雷斯勒就持有这种主张,并提出可用"程序法"来理解语篇,强调读者在理解语篇的过程中,必须根据自身的体验,激活相关知识,不断根据语境,对语篇做出推理和解释。

麦卡锡指出,程序法强调读者在积极建构语篇世界中的作用,读者能发挥这种作用,是基于他或她对世界的经历,以及状态和事件在他或她的世界经验中是如何被独特表征的。读者必须激活这种知识,做出推理,不断评价,他或她根据情景做出的解释,也不断评价读者所理解的语篇目的。

韩礼德和哈森认为,我们每天都在进行从情景到语篇和从语篇到情景的推理,他们还说,学习建构语篇是一个关于社会经验的问题,这里实际上也反映出他们已认识到语篇建构与体验观之间的内在联系。

库克将图式视为"人类关于世界的心智表征",并论述了世界图式与语篇图式之间的依存和互动关系,这就是说客观世界是人类形成语篇图式的基础,说明语篇图式具有体验性。

2. 互动性

1978 年,吉萨·劳(Gisa Rauh)就论述了身体经验与语篇连贯的关系,并提出可将语篇作为空间来处理的思路。

洛伦扎·蒙伦达(Lorenza Mondada)认为,语篇是被概念化的空间,论述了如何运用空间概念构建起语篇,并发表了相关论文。他还分析了原来用作表示时间和空间的指示语,被用作语篇指示语来构建语篇的情况,这些指示语成为表明语篇空间的标记,如 this、that、at this point、in the first place、next 等。此外,一些表示在空间运动的动词也可用作语篇指示语,如 to go into this chapter、to return to the above mentioned problem、to enter into a new part、to come back to the question 等,其他动词还有 arrive、follow、get、next 等。

范迪克也指出,认知是语篇和社会的界面,这一思路与认知语言学的基本思想"现实—认知—语言"是一致的,或者说这是范迪克将认知语言学的基本思想扩展到语篇层次的一种表述。

吉(Gee)也强调了语言与社会实践的密切关系,他更侧重研究大话语,即首字母大写的 Discourse,包括得到社会承认的语言和非语言材料,认为人们之所以能够理解语句获得其义，是因为他们参加了社会各种现象的大会话，即首字母大写的 Conversation，这其中涉及许多非语言方面的东西，如社会情景、价值观、动作、事件、身体、衣着、手势、方法、工具、机构等。

语篇意义的产生和理解都是特定的社会大会话的过程和结果，话语分析必须研究人们如何在具体语境中使用语言来进行社会实践活动，并确立交际者的社会身份。从他的论述可见，语篇的生成和理解语篇的连贯性与人们的体验和认知密不可分，语篇分析应采用社会的和认知的分析方法。

由于人们所处的社会、文化、教育等存在区别，其认知水平和认知方式也不会整齐划一，因此 ICM 和背景知识也会参差不齐。如果语篇信息交代不清，就会难以理解，甚至引起误会。当然通过消解误会，人们就会增加自身的 ICM 和背景知识，使之成为共享信息，如下例：

例 2：

Lucus：Do you want to play with me, Violet?

Violet：You're younger than me.

Lucus：（puzzled）She didn't answer my question.

他们之间的误会是由于 Lucus 认为 Violet 没有回答愿不愿意和他一起玩的问题，而 Violet 回答说你比我小，间接表明了不愿意和他一起玩。由于二者之间的认知不同，对语句的理解也不同。

例 3：

Lisa：今晚我去你家玩。

Lily：今晚我家还有其他客人。

Lisa：那正好。

Lily：我还没有同意呢。

Lisa 与 Lily 在家里还有其他客人这一认知模式上没达成共识，因而造成了理解上的分歧，Lisa 认为和其他客人在一起更热闹，而 Lily 认为还有其他客人不方便招待 Lisa。

例 4：

顾客：这件衣服多少钱？

店员：500 元。

顾客：便宜点？

店员：不好意思，我们店铺不议价。

顾客：那就算了。

店员：真是的！

顾客与店员在衣服价钱上存在分歧，顾客认为不给便宜就不买，店员认为店铺不议价。此外店员的最后一句"真是的！"很耐人寻味，反映了"不买就别乱问，问了就要买"的心理定式。二者通过以上对话可能会改变自身的 ICM 和背景知识，用通俗的话说就是"长了见识"。

3. 完形性

ICM 由若干部分组合而成，构成一个整体的完形结构。

4. 开放性

ICM 随人们认知知识的发展而发展，不断从背景知识中形成典型规律，如某专业领域常见的共性背景知识就会不断形成若干固定 CM，若干 CM 又会形成 ICM，进行内化，储存于人们的认知世界中，成为人们认知世界的方式。

背景知识也是来自人们对客观世界的体验、认知和实践，并在此基础上通过认知能力推断出来。

5. 关联性

ICM 的关联性一方面体现在一个 CM 之中各成分是相互关联的，另一方面体现在各个 CM 之间是相互关联的，不相互关联的成分不会被放置在同一 CM 或 ICM 中，因而用 ICM 理论来解释语篇连贯性是十分恰当的。

6. 普遍性

ICM 比背景知识更具普遍性、规律性和典型性。ICM 是被普遍接受的规律，语篇创造者在创造语篇时，要遵循一定的 ICM 和相关背景知识，按照一定的规律来组织语篇信息，使语篇在意义上具有整体性，内容上具有连贯性。语篇接收者在理解语篇时，也需要遵循一定的 ICM 和相关背景知识，构建语篇信息之间的语义联系，理解语篇连贯性。

三、认知世界对语篇连贯性的解释

（一）认知世界知识的激活与缺省信息的填补

人们在理解语篇时，通过认知知识获得语篇信息的连贯关系。当语篇中的某个词汇或句子激活了某个微观认知之后，其相关信息就会被调动出来，通过填补缺省信息来理解整个语篇语义。

语言表达的信息量总归要小于实际交际中所需的信息量，这是因为我们在理解字面信息时总是将其置于认知世界中处理，对于缺省信息，通过激活认知世界知识，对语篇信息进行填补，此时也就获得了语篇的连贯性，从而可使表面上不连贯的话语形成一个完整的语义整体。也就是说，它们在交际中常可做不同程度的省略，这也是语言的经济性原则所使然。

例 5：

Amber：How do you go to work tomorrow?

Brown：My car has broken down.

例句中的两句话虽然在形式上找不到衔接和连贯手段，但运用激活理论就可以对其连贯性做出合理解释。Amber 提到了"go"，就会激活一个关于"go"的 ICM，怎样去上班，依靠步行还是交通工具。Brown 的话正好激活了一个关于开车出行的 ICM，"go to"与"car"之间存在缺省信息，这样两句就在心智上建立起连接关系。然后 Amber 通过推理得出 Brown 要表达的真正意思是 Brown 的车坏了，所以只能选择其他交通工具上班。

当然，两个分句之间所需填入的缺省项越少，认知加工所需的努力就越少，时间就越短，两者之间的语义联系就越紧密，连贯程度也就越高。如果在两个分句之间所需填入的缺省项越多，认知加工所需的努力越大，时间就越长，两者的语义联系就越远，分句间的连贯性也就越低。这种分析方法与连通论也是一致的。连通论认为认知的基本单位是神经元，神经元之间的激活，使特定的连接通道方式形成了特定的信息。

从理论上来说，一个分句中的任一词语在认知世界中被激活的任何信息，都有可能成为其后语句论述的出发点，都可在分句之间建立联系。由于人们在实际交际中受到社会文化、交际情景和认知框架信息等多种因素的影响，其中某些信息会在交际中占较大比重，在交际中更容易被激活。在交际中占较大比重、更容易被激活的信息，实际上是认知世界中的突显信息，更容易成为其后来交际的内容，如在例 5 中，Brown 对 Amber 的问题有多种答法，理论上只要涉及与 how、you、go to、work、tomorrow 这些词语在认知世界中激活的相关信息，就能构成语句连贯。

由于在实际言语交际中的话语受到认知世界的限制，仅构建起常规认定的连贯。这些常规的概念和当前语境中突显的信息，就会在激活中占较大比重，进入后续交际的可能性也较大，限制了激活的范围。

我们知道，不同的人可能会有不同的认知世界知识，不同的人在不同的场合可能会突显不同的信息。如果交际者为了某种需要，如新奇、打趣、不合作等，也可能运用认知世界中权重较小的信息，即不很突显的信息，作为谈话中心，此时交际者就要根据情景不断调整对话内容。如对例 6 中 A 的问话，B 做出如下的回答则属此类现象。

例 6：

A：Can you go out with me after class?

B：How many students are there in our class?

即使 B 对 A 的话语答非所问，从内容上看不出有什么直接的联系，也就是使用了认知世界中权重很小的信息，但人们往往也能根据认知世界知识推断出 B 想要通过转换话题来委婉表达不想和 A 一起出去的意思。B 的正常回答应为"Yes，I can，but I don't want to"。

不同的词语可能会激活数量不同的概念，会因人因地而异，因各人所具有的认知世界知识而异。另外，所举的两个分句的例子仅有一处可以建立联系，而在实际运作中情况要复杂得多：两个分句之间可能会有多处地方能建立联系，在建立联系的地方所填入的缺省项情况也会大不相同。

语言交际的情况十分复杂、千变万化，但有些是有现成规律可循的，有些则须要具体情况具体分析，只有将话语置于特定的认知世界之中才能获得语篇连贯性，完整理解语篇。

例 7：

① Danny invited Jimmy to his birthday party.

② He wanted a robot.

③ He shook his piggy bank.

④ It made no sound.

例子中使用了大量代词，如果不将其置于一个"生日聚会"的认知世界中，就难以看出各分句之间的直接联系。在①中的"birthday party"，激活了一个关于生日聚会的微观认知世界，构建起关于生日聚会的认知框架，人们凭借生日聚会认知世界中的 ICM 和背景知识将例句连贯起来。②表示 Danny 想要的生日礼物，③代表 Jimmy 要送给 Danny 生日礼物，而礼物要花钱，④表示 Jimmy 的存钱罐没有钱。

按照正常规律，生日聚会的 ICM 一般包括以下主要内容：A 代表过生日的人、B 代表被邀请参加生日聚会的人。

① A 要过生日了，邀请朋友参加生日聚会；

② A 准备生日聚会的活动；

③ B 为 A 准备生日礼物；

④ 买生日礼物需要钱；

⑤ B 要让 A 快乐。

在生日聚会的 ICM 框架下还应结合具体情境和具体内容。

① Jimmy 需要给 Danny 买生日礼物；

② Jimmy 买生日礼物需要钱；

③ Jimmy 摇晃存钱罐；

④如果存钱罐发出声音代表有钱；

⑤如果存钱罐没有发出声音代表没有钱；

⑥没有钱，Jimmy 需要想其他办法。

我们根据生日聚会认知世界中的 ICM 和背景知识，结合例句中的具体情境，才能将分句连贯起来，发现命题发展线条，完整理解例句，将其视为一个连贯的语篇。

（二）认知世界对代词确定的解释力

在很多语篇中代词与其所指的先行词语之间存在模糊关系，这时也须依靠认知世界的知识才能确定代词的确切所指对象。

例 8：

Mary ordered a hamburger from the waitress. She brought it to her quickly.

例句后面的人称代词人们一般不会搞错，"she"指代"the waitress"，"her"指代"Mary"，但这不是从语言上下文中获得的，而是凭借人们的认知世界中的知识获得确认的。

例 9：

John tried to make toast in the broiler but he burnt it.

例句中的"it"显然是指"toast"，倘若将"burnt"换成"broke"，说成"John tried to make toast in the broiler but he broke it."整个句子的句法构造丝毫未动，但为什么换成"broke"之后，"it"就指"broiler"（烘烤炉）呢？这是因为我们的经验告诉我们，只有"toast"常会被"burnt"，"broiler"常会被"broke"。

例 10：

When Bill saw John kissing Mary he punched him.

例句的正常理解为："he"指"Bill"，"him"指"John"，因为人们最可能做出的推理是 Mary 与 Bill 有某种特殊关系，当 Bill 看到 Mary 被 John 亲吻后，不免气愤或吃醋，揍了 John 一拳也就在情理之中了。

如果换成："When Bill saw John leaving Mary he yelled at him."分句间依旧可通过代词保持某种衔接关系，但人们对此句却很费解，原因就在于人们难以运用句中信息建立一个合乎常情的认知世界。

上述三个例句中都使用了代词，对分句间做了衔接，但如果不从认知世界来看，例句中的指代对象将难以确认。

一般来说，英语使用代词时应在语篇上下文有指代对象，但在语篇中也发现了代词没有指代对象的现象，这说明在表层上分析连接词和语篇连贯性的不足之处，因此更需要依靠词语激活认知世界中的相关概念，通过构建起的认知世界来理解代词在语篇中的指代对象。

例 11：

The plane was late, the hotel wasn't fully built, there were crowds everywhere she went. I think it really disappointed her.

例句中的"it"在上下文找不到指代对象，由 plane、hotel 及 crowds 等词语激活了一个关于假期的微观认知世界，可从认知世界角度推断出句中的"it"可能指"the holiday"。

例 12：

I saw headlights coming straight at me, but I was able to get out of its way.

例句中的"its"在上下文中就找不到确定所指对象，由 headlights（车前灯）激活了一个关于汽车的微观认知世界，因此可从认知世界角度推断出"its"指代"车"。这也是一个部分代替整体的转喻。

代词的指代对象既不能仅依据语篇内部上下文出现的词语来制定一个统一的标准，寻找代词的对应成分，也不能笼统解释为到语篇外部找指代对象（这里也还有个谁指代谁的问题），建立信息联系，而应运用"认知世界"更有效地识别代词、无确定所指词语的语篇功能，有效地分析代词省略现象、语义之间的搭配关系，才能对语篇意义做出更为合理的解释，因此，从认知角度分析代词才更有解释力。

（三）对"the+NP"的解释

韩礼德和哈森论述了"the+概括词"可用来回指前文出现过的词语，当一个词语激活了一个认知世界后，其中的相关信息就可能被调动出来，这样就能构建各种关系，可能是整体和部分的关系，也可能是部分和整体的关系，还可能是部分和部分的关系。有些信息虽然在语篇中没有提及，但人们会通过认知世界知识对语篇意义做出正确理解，这也可以运用转喻理论来解释。

只有语篇中词语所激活的概念能与其下文词语建立起联系，我们才能说语篇是连贯的。例如，"house"一词可能激活一个"房子认知世界"，其中不仅可包括成为房子的一些必有部件，如墙壁、门窗、房顶、房间、寝室、厨房、厕所，乃至常用家具，而且还可包括下列信息：房型、面积、地段、价格、层次、建材、房主、地址等。当然，这些信息会随民族、人群、时代、地区等因素而异。

人们在语言交际中提到"house"时，自然会在心理机制和认知世界的作用下激活有关"house"的相关概念和关系，形成一个"house"的认知世界，调动一切有关"house"的信息。即使其相关信息未在语言交际中提及，人们也会建立起相关信息之间的语义连贯关系。

例 13：

I bought a house but the kitchen is too small.

定冠词具有限定作用，"the+名词"常指上文中提到的事物，但在例句中并未出现"a kitchen"之类的词语。我们暂且将这种"the+NP"称为无直接着落带定冠的名词词组。"house"起到一个激活词的作用，使人们在心理上构建一个关于"house"的微观认知世界。正常居住的房子都要有"kitchen"，这样"the kitchen"通过正常的心理联想就能获得适当的所指，是对"house"的延伸，二者之间形成概念上的照应关系，获得语篇语义上的连贯性。

例 14：

I looked into the room. The ceiling was very high.

I walked into the room. The windows looked out to the bay.

I walked into the room. The chandeliers sparkled brightly.

例句中的"room"起到一个激活词的作用，使人们建立起一个关于"room"的微观认知世界。正常"room"中有"ceiling""windows""chandeliers"，这些词是对"room"的接续，能够建立起命题发展的索引性，获得语义上的连贯。

例 15：

一位王先生从房地产开发商处买到的房子是没有门的，王先生将开发商告上法庭，法院判王先生败诉，因为双方在签订协议时对房屋情况约定不明。

例子中的开发商就是故意钻 ICM 知识的空子，换句话说，协议里没写明房子该有门。可是在正常交际中这种"约定不明"的情况却比比皆是，人们倘若将这些"约定不明"的常规知识都一一明确了，或许我们的言语和文本会变得十分荒唐可笑。可以想象按照上述逻辑，能够作为"房子"来加以约定的要素实在是太多了。我们不依靠 ICM 知识，似乎就会使我们的正常交流和社交约定成为难以实施的滑稽剧。

（四）认知世界知识的缺乏

有时我们会感到难以理解一个语篇，这可能是因为我们缺乏必要的认知世界知识，难以构建起一个恰当的认知世界。

例 16：

Business had been slow since the oil crisis.

Nobody seemed to want anything really elegant anymore.

Suddenly the door opened and a well-dressed man entered the showroom floor.

John put on his friendliest and most sincere expression and walked toward the man.

只有将其置于一个"汽车销售""经济危机"的认知世界之中才能获得这个语篇的连贯性。在这两个认知世界中可能会出现以下ICM：

①汽车销售与经济发展、优质服务有关；

②经济萧条，一般就没人会买高档商品（包括车）；

③穿着得体的人一般是有钱的人；

④有钱的人才能买得起车。

理解这个语篇还须结合以下具体的背景知识：

①约翰的售车店突然来了一个穿着得体的人来看车；

②他可能有钱，可能来买车；

③此时难怪约翰要显露出最为友善的神情，万般殷勤，走上前来。

连贯性是语篇生成和理解的基础，是语篇分析的关键所在，而且只有从认知角度对此加以动态性分析才更具解释力。语篇连贯性的认知世界分析法，尝试从体验哲学方面，同时结合认知语言学分析词句层面所运用的基本认知方式，如体验、激活、突显、原型、关联等，来分析语篇连贯性，以期能进一步完善认知语言学为分析语言各层面而建立的一个有效、合理及统一的模式。

第七章　认知视角下的应用语言学研究

应用语言学是语言学中的重要组成部分。应用语言学产生于20世纪下半叶，到现在，应用语言学已经取得了极大的发展，获得了丰富的成果，其研究的理论和范畴也越来越广泛和深入。本章主要以应用语言学为对象，在认知视角下，展开对应用语言学的研究。

第一节　应用语言学的历史发展

一、应用语言学概述

（一）应用语言学的定义

1. 广义的应用语言学

广义的应用语言学关注的是利用应用语言学研究的理论、方法、成果等对其他领域中遇到的相关语言问题进行解释。广义的应用语言学的研究范围较为开放，语言应用中各个方面的问题被包括在内。

在广义的应用语言学中，较为著名的观点是卡普兰（Kaplan）提出的。他认为，"应用语言学要解决的语言问题是多种多样的，这些问题唯一的共同点就是它们都与语言有关，这就需要采用多种方法来解决这些不同的问题"。

2. 狭义的应用语言学

所谓狭义的应用语言学主要指的是外语教学和第二语言教学。不同的国家由于历史、文化等因素，对狭义语言学的范畴理解也不尽相同。

狭义的应用语言学将研究的范畴限定在外语和第二语言的教学中。在不同的国家中，由于历史、文化等因素的不同，对狭义语言学在范畴的理解上也有所差异。

在美国和西欧国家，学者们普遍将狭义语言学理解为一般的语言教学，尤其是第二语言教学，其中较为著名的是理查兹（Richards）。有的学者甚至认为可以用"教育语言学"来称呼应用语言学。

我国学者对于应用语言学的观点，受欧美国家学者的影响较为深刻，他们也普遍将应用语言学理解为外语教学。

这种狭义的理解，在一定程度上限制了语言学的发展。但是，狭义的应用语言学对于我国外语教学发展起到了一定的积极作用，对我国外语教学的改革，提供了一定的帮助。

（二）应用语言学的性质与特点

1. 应用语言学的性质

语言是人类最重要的交际工具，语言的产生和发展与人类的产生和发展相伴而行。人们对语言应用的有关问题很早就开始关注并进行研究了，如字母及文字的创制和选择、语言教学（包括第二语言教学或外语教学）的理论和实践、标准语的确立和规范、正字法的确立和规范、字典和词典的编纂、语言与社会文化关系的探讨等。

应用语言学专注于对语言应用的种种问题的研究。应用语言学作为一门学科是跟语言本体研究、理论语言学（普通语言学）相对应的。

2. 应用语言学的特点

作为从20世纪60年代发展到今天的一门学科，人们对应用语言学的认识越来越明确，应用语言学已经成为一门比较成熟的语言学分支学科，并形成了自己的理论和方法体系。总体来看，应用语言学有学科的综合性、实用性和实验性等特点。

（1）综合性

应用语言学的综合性是由其自身的学科性质所决定的。在具体的研究对象和研究目的下，应用语言学能够与其他学科相结合。这也说明，应用语言学的研究不仅需要语言学的知识，也需要其他学科的知识。例如，研究语言规划需要政治学、民学理论与方法的指导；研究语言教育需要教育学、心理学、学科教学论等学科知识的指导；研究社会语言学需要社会学、文化学、人类学、统计学等学科知识的指导。正因为应用语言学在不同领域与不同学科的结合，才产生了应用语言学的许多下位学科，如心理语言学、病理语言学、社会语言学、神经语言学、计算语言学、人类语言学、语言风格学等。因此，对应用语言学学习和研究，除了需要语言学的知识和理论方法外，还需要更多的其他学科的知识，与之相对应，应用语言学的研究人员是一种复合型的人才，其成长和培养需要多学科的合作。

因此，从学科性质上来说，应用语言学具有较强的跨学科性、多边缘性、综合性。因此，对于应用语言学来说，必须千方百计寻找适当地跟其他学科的结合点，充分发挥多边缘、跨学科、综合性的特点，只有这样，应用语言学才能不断发展和壮大。

（2）实用性

实用性是应用语言学存在和发展的基本条件。应用语言学以解决语言在社会应用实际中存在的各种语言问题为目标，如语言教学、语言规划、语言翻译、语言障碍康复、词典编纂等。应用语言学的各个分支学科，如语言教学、社会语言学、心理语言学、神经语言学、计算机语言学等，也都是为了社会的实际需要服务的。从一定程度上来说，应用语言学就是为了满足社会对于语言学的实际需求。

（3）实验性

实验性特点是从应用语言学对实际语言问题的解决来说的。要解决语言实际运用中的问题，就必须经过调查和实验。如对于语言教学来说，要解决教学中遇到的问题，就必须对语言的特点与中介语现象、教学对象、教学效果等进行调查。对于新的教学方法来说，也必须进行实验，通过实验获取相关的数据进行分析，从而得到科学的结论。对于语言的规划，也需要对语言文字的特点与现状、规划的目的与效果进行调查研究。对语言信息的处理，也必须依靠计算机进行各类试验。

对于应用语言学的研究来说，调查和实验是重要的研究方法。其中，调查主要包括观察、访谈、问卷等方式。实验则是神经语言学、语言教学、计算语言学、社会语言学等领域的常用研究方法。对于这两种研究方法来说，都需要对材料、数据、结论进行统计、比较和分析。因此，对于应用语言学来说，比较和分析也是其研究所常用的手段。通过比较可以考察出相近或相关现象之间的同异，统计手段的运用则可以使研究的结论达到定量和定性的统一，从而保证结论的可靠性和科学性。

二、应用语言学的发展历程

（一）应用语言学的起源

应用语言学作为一门学科来说，它的形成是相对较晚的。但是，对于语言应用问题的研究，却是很早就开始的。语言学包括本体语言学、理论语言学和应用语言学三个组成部分。在语言研究的早期，对于语言的研究是将这三者融为一体的。例如，对功能语言学的研究，就包括了理论和应用等方面的内容。

随着历史比较语言学尤其是结构语言学的形成和发展，一般语言学和普通语言学成为语言学研究的主要目的，研究的主要内容为不同语言的一般性问题。

进入 19 世纪，在语言学研究的发展过程中，理论研究和应用研究开始出现分离。语言教学与语言历史研究的分化，就是一个较为明显的表现。在当时历史环境下，欧洲的第二语言教学有着重要的地位，但是其并没有成为单独的学科，也没有形成研究的理论与方法。

1870 年，著名的语言学家博杜恩·德·库尔特内（Baudouin de Courtenay）提出了对语言学和应用语言学进行区分的观点。他认为应将应用语言学作为一个单独术语，并将应用语言学定义为用语言学基本知识解决其他学科领域中的问题。由于库尔特内只是提出了应用语言学的术语，而没有涉及应用语言学研究的范围、对象等问题，没有建立起单独的应用语言学的理论体系。因此，他的观点在当时并没有得到很大的重视。

进入 20 世纪四五十年代，外语教学出现了迅速的发展，也正是由于这一原因，人们开始逐渐重视对应用语言学的研究。

（二）应用语言学的形成与发展

目前，普遍的观点认为，美国是应用语言学的发源地。在第二次世界大战前后，由于政治、经济、军事等各方面的需要，美国开展了大范围的对外英语教学。1946 年，密歇根大学设立了专门的英语学院，用于教授外国人英语。同时，出版了专门研究语言教学应用问题的《语言学习》杂志，其也是世界上第一本以应用语言学为重点的语言学杂志。该杂志以应用语言学为副标题，这也体现出对于应用语言学的重视程度。该杂志研究的内容主要是语言教学，尤其是第二语言的教学，也即属于现在的狭义应用语言学的范畴。

20 世纪五六十年代，各国在政治、经济、文化、教育、科研、旅游等领域的事业得到了一定的发展。因此，外语教学受到重视的程度也在逐渐提高。但是，这一时期的相关研究发现，外语教学并没有取得显著的学习效果。究其原因，主要是缺乏相关研究的支持。因此，对于应用语言学的研究开始转向外语教学研究的范畴。

1957 年，美国国会通过了一项关于国防教育的法案，其目的就在于加强中学阶段的基础学科教学，外语就是其中之一。1957—1962 年，在政府的资助下，美国建设了约 5000 间语言实验室，其功能在于促进和帮助外语的学习和外语教学研究。1959 年，美国政府在华盛顿建设了"应用语言学中心"的专门机构，其下设外语教学部、本族语与英语教学部、交际与出版办公室、研究部以及语言与公共政策办公室五个部门。这一机构的建立，主要是为第二语言的教育的研究提供便利。同一时期，世界其他国家的应用语言学也取得了一定的发展，并相继建立起了各自的应用语言学相关研究机构。例如，英国的爱丁堡大学也开办了应用语言学学院,用于培养应用语言学的专门人才。

应用语言学的正式形成是在 1964 年。这一年,在法国召开了第一届国际应用语言学大会。在大会上,国际应用语言学协会正式成立,共有 25 个国际性的应用语言学组织加入协会,这也使得应用语言学被纳入了系统化、正规化、世界化的范畴。同年,韩礼德等人出版了《语言科学与语言教学》一书。该书是一部关于应用语言学的教材,它的出版在应用语言学的研究史上具有重要的意义。

在这一时期,除了在传统的语言教学领域取得了一定的发展之外,应用语言学的一些分支领域也逐渐形成和发展起来,如语言文字规划、社会语言学、计算机语言学等。

到了 20 世纪 60 年代,应用语言学已经发展成为一门重要的学科。随着社会以及相关学科的发展,应用语言学的研究也逐渐从狭义的应用语言学向广义的应用语言学发展,社会生活的各方面内容都成为应用语言学的研究内容。应用语言学的发展也呈现出积极的态势,以"××语言学"为名称的新兴学科不断出现。

三、应用语言学的理论发展

(一)交际理论

在语言学的研究中,对语言的定义历来都是一个关键问题。在语言学发展的历程中,不少学者都从不同的角度为语言做出过定义。在大量的关于语言的定义中,最具影响力的定义就是将语言定义为交际工具。这一定义从语言的功能角度出发,揭示出了语言的工具性这一重要属性。以这一定义为依据,逐渐发展出了应用语言学的交际理论,其内容主要包括以下几个方面。

①交际能力是最基本的语言能力。但对于语言能力,学术界尚未形成统一的观点。关于语言能力,影响力最大的观点是乔姆斯基在其著作《句法结构》中提出的语法装置说。根据乔姆斯基的观点,人类的语言创造能力是与生俱来的。交际是贯穿人类生活始终的一项活动,因此对于人类来说,交际能力是一项极为重要的能力。语言的使用者不仅应该做到正确使用语言,还应该理解正确使用语言的原因。但是,对于语言使用者来说,对正确使用语言的研究是为了更好地理解、使用、创新语言,而是不为了研究而研究,甚至为了研究而对语言的使用造成消极的影响。因此,交际理论认为,使用语言的首要目的就是为了完成交际目的。

②交际能力需要在语言交际中进行实践。掌握一种语言的目的就是为了

使用这种语言进行交际。但是，交际能力并不是能够立即获得的，只有在长期的语言实践中，交际能力才能逐渐得到发展和完善。在语言实践过程中，语言学习者所接触到的语言并不一定总是标准的、规范的，由于地域、文化、受教育程度、阶层等差别，不同的区域或对象会形成具有一定变化的"标准语"。在交际实际中，与使用不同"标准语"的对象进行交际是不可避免的。因此，对于交际能力的形成来说，需要在多元的语言交际环境中进行语言交际实践。

③语言规范的衡量应以交际价值为标准。对于语言来说，交际是其最基本的功能。交际效果的实现需要一定的语言规范。因此，这也说明应以交际价值对语言的规范进行衡量。语言价值指的是语言交际的到位程度，而不是语言的纯正程度。语言的规范是以是否有利于交际为判断标准的，其与语言的纯正程度没有必然的关系。只要语言是被交际所需要的，即便是以前所没有过的，也不一定就是不符合规范的。语言的产生，只要被语言系统所允许，都可以认为其是规范的。

④语言交际能力的实现是无法一次完成的。人的语言素质是不断发展变化的。在不同的阶段，人的语言素质也有所差别，例如，人在儿童时期和成人时期的语言素质就是不同的。人的语言素质也并非不断提高的，当其不适应语言发展的方向时，语言素质就会发生下降，甚至还会对语言的发展起阻碍作用。这也要求语言学习者必须不断对语言进行更新，对语言意识进行自主的实践。在语言的学习上，既要保证量，也要保证质。通过量的积累实现语言的内化，通过质的深化，提高语言的应用层次，只有这样才能使语言能力得到不断的提高。

对于语言使用者的交际能力来说，其还受到时代的限制。语言会随着时代的发展而发展，在发展过程中更新出新的鲜活的语言。语言使用者也必须积极主动地学习新的时代语言，从而使自身的交际能力能够适应时代的发展。

⑤语言应注重创新。语言是不断发展的，人类的语言创新能力也使语言不断发生变化。但是，语言创新能力是需要激活的。当前我国语言教育的一个重要弊端，就在于缺乏对语言创新的鼓励。语言教学只是教师对单词、语法知识的机械教授，这就导致语言的学习被局限在狭小的范围内，不利于学习者对语言的理解和使用。因此，对于我国的语言教育来说，必须从教师、教材、考试等各方面进行改善，鼓励语言创新，从而促进个人和社会的发展。

需要注意的是，语言的创新既不是指语言的奇特言论，也不是简单的形式变化。真正的语言创新是具有新思维和实用价值的新语言。只有这样的创新语言，才能够为社会生产和生活注入新鲜的活力，有效促进交际的进行。

（二）动态理论

根据唯物辩证法的观点，事物是不断发展变化的，万物都处于运动的状态下。人也是不断运动着的，贯穿人类活动的语言交际也是如此，这也是语言形式不断发生变化的动力和根源。例如，英语在不断发展变化的过程中，在词汇上会实现新旧交替，在语法形式上也会发生变化。这也说明，动态性是语言的根本属性。基于这一认识，英语语言学家总结出了动态理论，其主要内容如下：

①语言的动态性。语言的动态性是早就为人们所认识到的。但是在语言学界，关于语言的动态性与静态性之间的关系，曾有过不同的观点。在结构主义语言学的影响下，在过去很长的一段时间中，人们认为动态的语言是静态语言被使用的表现。随着应用语言学的形成和发展，人们逐渐认识到语言是不断运动的，动态是语言的主导状态。语言不存在绝对的静止，而静止只是语言的运动速度相对较慢的状态。静态通常是为了进行语言研究而假设出的状态。

语言是一个庞大、复杂的系统。系统内部各个组成部分的运动速度也是不同的。同时，一个部分的变化，也将会引起关联部分的变化，且关系越密切，变化越明显。在长期的运动发展过程中，语言的变化主要有以下三种类型：

第一，吸收。语言的吸收变化主要表现为对新词的吸收。语言中的新词主要包括新创词、旧词的新含义、方言词、外来词等。

第二，隐退或消亡。隐退或消亡是相对于吸收的一种变化。对于语言来说，有新词的吸收，就会有旧词的隐退或消亡。有些旧词，由于不再适应新的时代或具有较为明显的过去的时代特征，在新的时代背景下，会逐渐淡出人们的生产和生活，最终隐退或消亡。

第三，中和。中和即在吸收过程中，对吸收的新词进行一定的加工和改造。中和的目的在于使新词中不被接受或认可的成分经过加工改造变为可接受的成分。

②语言认识的动态性。语言认识既是一个从实践到理论的过程，又是一个从理论到实践的过程。这说明，语言认识这一活动既具有理论性，又具有实践性。同时，也证明了语言认识的动态性。一方面，语言自身的动态性决定了语言的认识也是动态性的；另一方面，由于语言是复杂多变的，因此，对于语言的认识也需要通过不断地实践和研究，在动态过程中加深对语言的认识。同时，无论是语言的发展还是人们对于语言的认识，都会受到政治、

文化、政策等因素的影响，因此语言的发展变化是一个曲折前进的过程。再加上语言是在不断动态变化的，因此人们对于语言的认识也是无止境的。

语言认识的动态性表明，语言的发展变化、应用等，都是社会性的。因此，语言认识必须紧密结合社会和时代背景，遵循语言发展的规律。语言的发展是不受人的意志控制的，人为意志的控制，甚至会导致语言出现倒退。要促进语言的发展，就必须加强语言的应用。语言的应用必须是能够满足社会需要的，因为违背社会需要的语言应用，不仅会对社会带来一定的消极影响，还会影响到语言的正常发展。

③语言研究要动稳结合。虽然，动态性是语言的主导状态，静态只是动态的一种表现。但是，这并不代表对语言稳定性的否认。在语言中，并不存在绝对的动态或稳态。在语言的发展过程中，为了适应人类的思维、认知、交际等方面的发展，语言总是在不断地进行自我调节。这种自我调节主要表现在两个方面，一是不断产生新的语言要素；二是保持语言体系的相对平衡。对于语言学研究来说，必须认识到语言的动态与静态，动稳结合的开展语言学研究。此外，还应注意的是，无论是动态的研究还是稳态的研究，都必须为交际服务。

（三）中介理论

中介即一种中间状态，在人类社会或大自然中，中间状态是广泛存在的。因此，语言同样存在中间状态，包括语言的单位和类型以及人类对语言的接触和学习。在应用语言学中，这一现象被称为中介现象。中介现象涉及语言应用与研究的各个方面，研究语言中介现象的理论即为中介理论。

中介理论认为，语言存在很多中间状态，这些中间状态具有重要的意义，不能被忽视。结构主义语言学的产生使人们一度局限于二元分类的思维中，对语言每个方面的认识都是"非 A 即 B 或 C"的。例如，语音不是元音就是辅音，词汇不是语素就是单词或短语，语法不是有定就是无定，方言不是这种方言就是那种方言，文字不是表音文字就是表意文字。这样的二元分类在人们过去的语言认识中十分常见，但这种认识并非事实。

从语义上来说，很多表示时间、年龄的词语，如 morning 和 afternoon，youth 和 middle age 等，就很难对其语义进行划分和界定。这种存在于两者之间的状态，就属于语义上的中间状态；从语法上来说，许多词汇都具有两种或以上的词性，如"hit"既有名词词性，也有动词词性，且都表示"打"的意思。此外，还有的词虽然词形相同，但是词性和意义不同。有的词在句子中所起的语法作用会发生变化。这也说明，语言的词类的情况是较为复杂的。

因此，对于词性，也不能用简单、绝对的标准看待。正是由于词汇中间状态的存在，英语语言才能够形成完善的系统；从语用上来说，语体的中间状态是其主要的表现。传统的二元分类观点认为语体不是书面语就是口语。但是在语言的实际应用中，在口语中也会使用书面语，在书面语中也会使用口语，这就是语用的中间状态。

由此可知，中间状态是语言应用中的重要存在。语言研究需要正确地观察和描写语言，只有这样，研究的结果才具有说服力，才能够在实践中有效运用。因此，中介理论的提出，对于语言研究具有重要的意义。

（四）层次理论

层次理论认为，语言具有层次性。层次性不仅涉及语言运动的时空、方式，还与事物的层次、人类的认知层次或地位层次有着密切的关系。通常来说，底层的语言表达是较为稳定的，而越是上层的语言表达越活跃。

根据应用语言学的观点，语言可以分为内核、中介物、外层这三个层次。其中，语言的内核指的是语言基本的发音、词汇、语法；语言的外层指的是新词、缩略词等；语言的中介物则是居于两者之间的存在。对于内核或外层使用的选择能够体现出一个人的语言水平。语言水平高的人多使用语言外层，水平低的人则多使用语言内核。但是无论使用怎样的语言，其都是为交际服务的，因此属于一种互补关系。

使用语言的目的是为了完成交际。不同的交际活动、不同的交际对象，都会影响语言使用的层次。一个人使用的语言，受个人性格、修养、职业、受教育程度等因素的影响。语言的使用能够反映出一个人的社会地位和形象。那些在语言方面起示范作用的人所使用的语言往往代表了其所处的团体、地域、民族、国家。

四、应用语言学的范畴发展

（一）社会语言学

1. 研究对象

社会语言学和语言社会学是国外的社会语言学文献中常常出现的两个词。语言社会学通过对语言的研究更好地了解社会结构；社会语言学着重语言结构，探讨语言怎样在交际中发挥作用。实际上，通过社会研究语言，如社会生活的变化将引起语言（诸因素）的变化，其中包括社会语境的变化对语言要素的影响；通过语言研究社会，如从语言（诸因素）的变化探究社会（诸因素）的变化。

2. 研究范围

社会语言学一般可分为微观社会语言学和宏观社会语言学。

（1）小社会语言学

小社会语言学也称微观社会语言学，主要以语言的各种变异为研究对象，其在对语言变异发生的规律和原因进行研究的过程中常常联系社会因素，在对变异现象进行描写上常常使用统计的方法和概率的模式，其经常性的研究课题主要包括语言与性别、语言与阶级、语言与社会、语言与环境、语言与种族集团等。

（2）大社会语言学

大社会语言学也称宏观社会语言学，以研究社会中的语言问题为重点，主要指语言接触和语言规划，包括双语、双方言或多语的交际与教育，语言政策与语言规划，标准语选择，语言的相互接触与影响，语言冲等往往因社会因素而产生的问题。这些问题需要从社会的角度加以研究和解决。20世纪70年代后期以费什曼（J. Fishman）为代表，从社会学角度研究语言问题。

除了宏观社会语言学和微观社会语言学外，广义的社会语言学还研究语言文明、语言修养、语言风格、作家作品语言、新闻语言、播音主持语言、广告语言、法律语言、新词新语、网络语言等。

（二）心理语言学

1. 研究范畴

心理语言学以语言习得和使用的心理过程作为主要的研究对象，是揭示人们语言习得和使用的心理过程的科学，其研究范畴主要包括以下七个方面：

①语言的心理机制：记忆的功能、记忆的结构。

②语言的生理基础：语言和智力、语言能力的遗传性、语言进化论、大脑和语言、大脑和认知。

③母语习得：各种语言习得理论、儿童语言习得过程。

④言语产生：言语计划、言语失误、言语产生模型。

⑤心理词汇：词汇和意义、心理词汇的研究方法、心理词汇和书本词典、词的基本元素、口头词语和视觉词语、词汇提取模型、影响词汇提取的因素。

⑥言语听辨：连续性语音的听辨、言语听辨的主要问题、言语听辨的研究手段、言语信号、孤立的语音听辨、言语听辨模型。

⑦句子理解：语言理解的性质、以句法为中心的语言理解、句子的即时处理、语境中的句子理解、句子的记忆。

2. 研究分支

一般来说，心理语言学的研究主要是以认知为基础的语言习得和使用的心理过程，包括几个不完全相同但又有联系的分支。

①发展心理语言学，即儿童语言习得。

②计算心理语言学，即通过计算机手段来模拟语言的心理过程。

③实验心理语言学，即语言符号的编码、解码过程，如言语产生的过程和环节、自然语言理解的心理机制等。

④应用心理语言学，即心理语言学的应用领域，如第二语言教学、人工智能等。

（三）神经语言学

1. 对人类语言活动的神经机制的研究

神经语言学的主要任务是通过研究神经系统与语言、言语的关系，对人类语言和意识的起源及语言与思维的关系进行探索，并在此基础上通过言语过程的神经心理分析，发现人们语言习得、语言掌握、言语交际、言语生成、言语理解的神经机制，探索人脑如何接收、存储、加工和提取言语信息。其研究主要涉及以下方面。

（1）言语理解的神经机制分析

人们的言语理解，开始于对对方外部言语的感知，并经过一系列过程，获得主要思想，然后理解话语的整个意思，是一个与言语生成相反的神经心理过程。言语理解过程的主要环节包括语音感知和词汇识别的神经机制，确定语法关系与建立语义图式的神经机制，推导内在含义的神经机制。

（2）语言掌握的神经机制分析

掌握本族语的神经机制和掌握外语的神经机制，既有共同点又有区别。因此，必须对掌握本族语的神经机制和掌握外语的神经机制分别进行研究。

（3）言语障碍的神经机制分析

言语障碍是指人在口语、书面语、手势语等的表达或理解中发生的异常或出现的缺陷。大脑的损伤往往会引起神经机制的病变，其中不少会导致言语障碍。言语障碍大致可分为两种：一种是构音困难，即大脑中生成的内部语言无法转变为有声的外部语言；另一种是大脑皮层病变所致的失语症，即言语表达和言语理解中发生的异常现象。

（4）言语交际的神经机制分析

人脑言语中枢的神经活动的微观言语行为，与人们在社会中进行的言语交际活动的宏观言语行为有紧密的联系。现实的言语交际就是由内部言语转变为外部言语的过程。这个过程各阶段都有特定的神经心理机制，包括言语交际的过程、言语交际的心理条件以及探索言语交际神经机制的方法。

（5）有关语言和言语的其他神经机制分析

这些神经心理活动包括：认读词与书写词的神经机制，言语活动神经机制的个体差异，对物体命名的学习能力的神经机制，言语调节的神经机制，使用不同语言者言语活动的神经机制。

（6）言语生成的神经机制分析

人们的言语生成，从最初的表述动机，经过表述的语义初迹和内部言语到外部言语，是一个复杂的神经心理过程。这个过程的每个阶段都与特定的脑部位发生联系，局部脑损伤会导致言语生成在聚合关系和组合关系上的障碍。言语生成过程的主要环节包括言语表述动机和语义初迹的神经机制、内部言语的神经机制和外部言语的神经机制。

2. 人类大脑构造的语言功能的研究

神经语言学的研究对象是人类神经系统与人类语言、言语之间的关系。而其中，大脑同言语关系最为密切，可以说言语的神经机制主要是脑机制。因此，神经语言学必须揭示与人类语言活动相关的大脑功能和机制。研究范畴包括以下方面：

①大脑两半球的言语功能差异：言语优势半球的定侧法、两半球言语功能的性别差异、两半球言语功能的协同、两半球言语机制的发育。

②中枢神经系统的解剖生理（大脑、脑干、小脑、脑的血液供应）。

③脑叶和外周神经与言语活动的关系：额叶和言语活动的关系、颞叶和言语活动的关系、顶叶和言语活动的关系、枕叶和言语活动的关系。

④脑言语中枢：脑言语中枢的言语功能、各言语区之间的神经联结、大脑皮层下的言语区、言语在脑中的传递。

⑤条件反射学说与第二信号系统：非条件反射和条件反射、两个信号系统及其相互关系、第二信号系统与联想等。

（四）传播语言学

1. 对语言符号与语言信息的研究

（1）语言符号

传播语言学要研究人类在社会信息传播活动中语言的运用和理解规律。语言作为一种符号系统，是构成传播内容的最基本的元素。对语言符号的研究必然涉及语言本体研究，比如语言符号的形式和意义的对应关系问题，语音、词汇、语法等语言要素，语篇的衔接功能，句法、语义、语用三个平层的句法分析，语句的生成与理解、歧义等问题，都是传播语言学关于语言符号的重要研究范畴。

（2）语言信息

信息是社会传播的基本要素之一，为语言符号所承载。传播语言学也要探讨语言信息的类别，弄清语言信息的本质与特征，研究语言信息的定量表示，分析语言在承载信息时的转换功能，即语言符号在传播时的编码和解码过程的作用问题。当前，语法研究注重句子的信息结构，比如话题的转换、焦点的设置；注重句子的信息分类，比如指称与陈述、有定和无定、已知信息和未知信息。这些研究都与传播学有内在的联系。

2. 对语言传播过程和效果的研究

（1）语言传播过程

传播是人与人之间信息的传递与分享的一种社会行为，由传播者和传受者共同参与，缺乏任何一方都构不成传播。传播者的语言运用要遵循什么规则、会遇到什么障碍、要通过什么方法去加以克服，传播者个人的因素对语言运用有什么影响，语言运用的心理过程是什么，都是传播语言学的研究内容。从传受者角度说，传受者对语言信息的理解直接与传播的效果联系在一起，传播语言学要研究传受者对语言的理解策略问题、传受者在解码时的心理过程、影响解码的各种因素问题，比如语言理解中的表层结构的知觉过程、深层意义的建立过程、接受认知的反应过程，还涉及句子的解释因素、句子的理解策略等必须解决的问题。

可见，在语言信息的传播过程中，最主要的两个要素是语言信息的编码和解码，前者属于语言运用问题，后者属于语言理解问题。从信息传播角度看，语言运用要研究思维、编码、发送等阶段中涉及的语言信息问题。编码前的思维阶段是传播信息的计划制定阶段，解决要传播什么信息（心理语码）的问题；编码则是要把心理语码转换为实际语码，如句子生成、语句信息安排、句式选择等都是编码阶段要研究的语言问题；发送也叫发码，即把实际语码发送出去，这时要研究语速、停顿、重音等问题。现代传播学理论不再把接受者看作被动的"看者""听者"，而是把信息接受者的行为看作一种主动的语言理解行为。这样，语言理解不仅包括理解语言的表层意义（字面意义），还包括理解语言的深层意义，如各种言外之意等。语言信息传播过程造成的信息减少、信息增加、信息转移等现象，除了语言运用者的原因外，更多的原因在于语言理解者的理解偏颇。

（2）语言传播效果

传播语言学还要研究语言传播的效果，以及排除语言传播中的干扰问题。

比如关于提高表达技巧和听读技巧的原理、方法和策略；关于汉字规范化的研究、关于排除口语中"信息噪声"的研究、语法学中关于歧义结构的研究等。此外，为了探讨语言传播效果，传播语言学还要探讨语言传播的媒介、语言传播的类型等与语言传播有关的问题，以进一步构建和完善传播语言学的理论框架。

（五）文化语言学

文化语言学作为近年来出现的一门边缘学科，探讨的是语言和文化的关系。

民族语言是民族文化构成要素中，最能够体现民族特性和民族本色的要素。民族语言根植于民族的广大群众中，与民族形成了紧密的关系，二者共同生存和发展。因此，严格意义的民族概念的界定，必然是包括语言因素的。语言与民族的密切关系，使得民族语言中蕴含着深厚的民族精神。这也是分析民族语言能够得到对民族精神特征的认识的原因。

语言是一系列动态行为的抽象结果，而不仅仅是一个静态的结构系统。当语言表现为动态时，就产生了言语和言语行为。言语作为心灵的体现，必然与言语使用者的心理有着密切的关系。不同的民族，在历史和文化上各不相同，因此其民族文化心理也必然会存在一定的差异，有时甚至可能是完全不同的。因此，文化语言学研究通常涉及语言和思维、语言和文学、语言和政治、语言和民俗、语言和哲学、语言和宗教、语言和神话、称谓和文化等范畴。

文化语言学把语言作为文化模式和文化符号来研究，所要揭示的是语言的文化本质。它着眼的是同文化体制有关的语言现象，而不是该语言所属的文化制度。文化语言学必然要涉及文化问题的各个领域，但它并不是要具体描述这些文化领域本身的特征，而是把这些文化领域作为语言活动的背景、场景、情景来处理的。语言和文化之间的共现共变关系也是其重要的探讨领域，但是其目的是从语言的形式、结构和意义等方面入手，发掘其中的民族文化内涵，从文化变迁方面去寻求语言变化的动因，而不是以语言的变化去印证文化变迁的踪迹。当然，文化语言学也可以凭借某些语言材料来对某方面的文化发展的脉络进行说明，但其目的还是获得对语言的文化功能的理解和认识。总之，它的目的是研究语言而不是研究文化。因此，文化语言学应当是语言学而不是文化学。

语言是社会联系的纽带，言语交际是语言的社会联系功能在具体场景的实现。人们的社交用语是某一民族在某一时代的重要文化镜像之一，渗透了特定民族、特定时代的文化精神，也是文化语言学的一项重要研究课题。文化语言学正是要站在本体论的立场上，用民族文化的思维特征来统摄民族语言，概括出符合本民族语言特点的范畴体系，用以描述本民族语言的结构特征，从而对同民族文化特征相一致的民族语言的结构进行全面揭示。

第二节　从认知视角看应用语言学的内涵

一、应用语言学下的第二语言与二语习得

（一）应用语言学下的第二语言

第二语言有狭义和广义之分。狭义的第二语言是在非本土国家学习的非本土语言。广义上的第二语言指母语或除第一语言以外的任何语言，通常指两种情况：在获得母语后获得的任何语言；从掌握语言水平的角度来看，它指的是一个人的"弱势语言"或"次要语言"。简而言之，第二语言指的是一种共同的语言，如加拿大的法语，它不是加拿大人的母语，但与母语地位相同。

（二）应用语言学下的二语习得

第二语言学习的研究是应用语言学的重要组成部分。对第二语言学习的研究可以帮助人们理解第二语言学习的规律，从而指导第二语言教学的实践。麦克唐纳认为，在第二语言学习的研究中，有以下问题值得注意。

①第二语言是如何发展的？
②第二语言的发展和第一语言的发展有什么异同？
③为什么所有的孩子几乎完全掌握了母语？
④第二语言习得需要哪些个性因素？
⑤学习者的内在因素是什么，二语习得中的学习环境因素是什么？
⑥教师在第二语言学习中扮演什么角色？
⑦对于每一个第二语言学习者来说，学习过程是否相同？是否有任何显著的个体差异？这些个体差异如何影响第二语言学习的过程和进展？
⑧第二语言学习和教学实践与学习者的文化背景如何相互影响？
⑨第二语言学习对现有的第一语言知识有什么样的影响？
⑩什么样的神经结构可以适应多种语言的共存？

教学实践为学习者提供了语言学习体验，但是语言学习的成功与学习者的母语文化和文化认同密切相关。二语习得取决于学习者母语和目标语言文化之间的社会和心理距离。距离越近，学习第二语言就越容易。语言迁移不

仅涉及第一语言对第二语言的影响，也涉及第二语言的研究。由于第二语言的长期学习和使用，第二语言将对语言的各个层面产生影响，第一语言可能会被侵蚀，继而影响二语学习的神经机制研究。在语言学习过程中，语言信号的输入和输出在神经网络中以神经脉冲的形式传递。对于第二语言学习者来说，语言知识在他们的头脑中是如何组织的？对应于每种语言的概念系统是独立的还是共享的？使用语言时，他们如何提取相应的语言形式？这些问题需要进一步研究。

二、认知视角下语言的输入与输出

（一）语言的输入与输出理论

1. 语言输入理论

按照克拉申（Krashen）提出的输入假设理论，理想的语言输入应具备四个特点，即可理解性（comprehensive）、趣味与关联（interesting and relevant）、非语法程序（not grammatical sequenced）和足够的输入量（i+1）。

（1）可理解性

根据克拉申的观点，对输入语言的理解，是语言习得的必要条件。对于语言的学习者来说，如果其不能理解语言所输入的信息，就不能实现对语言的习得。尤其是对于语言的初学者来说，在语言学习中接触那些其所不能够理解的语言是不能取得任何效果的。因此，语言的学习者在学习语言的过程中，应选择那些能够听懂的语言材料。同时，这些语言材料还不能过于复杂。否则，学习者就会将更多的注意力放在语言的形式上，造成对语言交流意义的忽视，导致语言输入在一定程度上丧失真正的目的和有效性。

（2）趣味与关联

要使输入的语言能够充分发挥语言习得的作用，还需要对其在内容上进行加工，从而使其能够充分引发语言学习者的学习兴趣。根据克拉申的观点，使语言学习者对输入语言感兴趣的最佳状态就是使学习者意识不到自己在学习语言，使其将注意力集中在语言的意义上。这种观点即"无意识"学习，克拉申将"无意识"的语言学习过程，称为语言的习得。同时，克拉申还认为，有"意识"的语言学习，只能够使学习者获得语言的相关知识，即"认识"语言。而要想使语言学习者习得语言，则必须通过习得过程完成，就如母语学习一样使用第二语言进行社会交际。

（3）非语法程序

根据克拉申的观点，语言的学习需要有足够的可理解的输入。传统的语言学习通常是按照语法程度进行教学安排，其弊端就在于可理解的输入不足。因此，对于语言习得来说，应按照非语法程序进行，让语言学习者在语言的自然环境中，接触大量的可理解输入，自然实现语言的习得。

（4）足够的输入量

这是语言输入理论的重要原则。克拉申认为，语言习得需要输入大量的语言学习者可理解的材料。但是，若输入材料的难度过低，则不能起到引发语言学习者学习兴趣和学习动机的作用。因此语言的输入应具有一定的"信息差"。在"i+1"原则中，"i"表示语言学习者当前的认知水平，"1"表示语言输入材料的知识层次稍高于语言学习者的认知水平。

当前的外语教学难以取得良好效果的一个重要原因就在于语言输入上的不足。当前的外语教学的语言输入量还有待提高，简单的语言材料和句型联系对于语言的习得来说是远远不够的。在外语教学中，应为学习者提供更为丰富的语言输入材料，加强学习者的阅读和语言运用，使学习者的语言能力在实践运用中不断得到提高。

2. 语言输出理论

斯韦恩（Swain）认为输出假设对语言习得有四大功能：①注意功能（noticing function）；②检测假设功能（hypothesis testing function）；③元语言功能（metalinguistic function）；④增强流利性（fluency function）。

（1）注意功能

对于语言的输出来说，要使其能够充分发挥作用，一个重要的前提就在于语言的学习者具有足够的认知资源，能够完成对语言形式和意义的注意。对于语言的习得来说，语言学习者的注意是实现对信息有效加工的必要条件，也是将语言输入转化为输出的充分和必要条件。语言学习者在语言的输出过程中，在重视语言意义的关注的同时，还应重视对语言形式的关注。语言学习者进行语言的分析，需要对语言形式的注意。在语言输出中，语言学习者会注意到其所想要的表达与实际的表达之间存在差异，这一差异产生的原因就在于其缺乏对目标语知识的意识。当语言学习者意识到自身存在的语言问题后，就会在今后的语言输出中，加强对相关语言特征的关注，加强对相关输入信息的处理，激活内在认知过程，促进语言的习得。对于语言学习者来说，这种认知是联结输入与输出的重要纽带。

（2）检测假设功能

语言的输出具有学习者对目的语的语言形式和结构进行假设验证的功能。二语习得的过程，就是一个对目标语不断做出假设，不断地进行检验和修改的过程。因此，检验假设的环节，对于语言的习得来说具有重要的作用。

输出为语言学习者提供了机会，使其能够尝试利用各种方式，用目的语表达自己的意图，并对其潜在假设的正确性进行验证。检验假设以互动和反馈为前提，互动既可以是语言学习者与本族语者之间的互动，也可以是语言学习的师生或者学生之间的互动。对于互动中的听话者来说，如果他没有完全理解语言学习者所表达的意思，就会向语言学习者进行反馈，要求其对自己所想要表达的意思进行进一步的说明，从而使学习者获得对输出进行修改的机会，同时也能够推动语言学习者做出可理解的输出。这一过程实际上就是对语言输出的假设检验，其有利于语言学习者尝试新的语言结构或形式，实现对中介语资源的创造性开发。

（3）元语言功能

根据斯韦恩的观点，元语言指的是学习者所具备的语言相关知识的总和，即学习者通过对语言的反思和分析得出有关语言形式、结构以及语言系统其他知识的雏形。对于二语学习者来说，其在输出中注意到自己语言体系中存在的问题，从而有意识地对语言形式进行分析和修正，最终输出准确性较高的语言。学习者对目标语用法进行反思时，输出所起到的功能即为元语言功能。

输出能够实现语言学习者对于语言知识的控制和内化。他们可以利用一切可利用的资源获取对输入信息的理解。这样一来，即使其忽视了对语言形式的注意，也能够达到一定的理解。也就是说，在学习者理解输入信息的过程中，不可避免地会对语法解码有所忽略，而在输出语言时，学习者不能依靠外部知识和尝试，而必须进行自主的构想，对输出语言进行句法的加工。正是语法解码的过程，使语言学习者能够深入理解目标语的表达。因此，对于语言学习者来说，输出能够使其在参与语义认知处理的同时，参与更多的句法认知处理。

（4）增强流利性

所谓流利性，指的是语言的处理从受控制向自动化的发展。对于语言学习者来说，使用语言越频繁，越能够提高其对于该语言的流利性。流利性的增强，并不是简单的语速加快，而是自动化处理的重要标志。某些认知过程需要大量的时间和工作记忆容量，而有些认知则是常规的、自动化的认知，其所需的实践和容量也较少。当输入与输出在形式上存在着一致的、规律的连接时，认知过程就会成为自动化过程。对于语言来说，输出与语法之间一致的、规律的连接就可以形成自动化处理，从而增强语言表达的流利性。在某一层次上达到流利性，就能够将注意力集中于更高层次上的信息加工。语言学习者通过语言输出，能够实现对语言资源的训练，使其在使用语言的过程中，强化已储备的知识，培养语言处理自动化，从而增强表达的流利性。

（二）认知视角的语言输入与输出

1. 认知在语言输入与输出中的作用

认知与情感是统一的整体，学习过程也是一个以人的整体心理活动为基础，实现认知与情感活动统一的过程。因此，对于语言学习来说，认知和情感都是影响语言学习的重要因素，这两方面因素在语言学习的过程中相互作用，构成语言学习者学习心理中的两个重要方面。缺少认知因素，学习者就不可能完成语言学习任务。认知因素对于语言输入与输出的过程和结果都具有重要的影响。从实质上来说，语言的学习过程也就是语言信息的处理过程。在认知视角下，外语的学习实质上就是一种非自动的认知处理过程，这一过程分为输入、注意、分析、记忆、输出5个阶段。在外语学习的课堂教学来说，主要包括输入、加工、输出3个阶段。根据认知心理学的理论，由输入到输出的中间环节就是通过理解、分析和强化，将其转化为记忆，并在语言的实际使用中实现有效输出的过程。输出的材料与已有的材料能够发生相互作用，并形成全新的结构，这也是语言学习者所应主动吸收的重要内容。在语言学习的过程中，学习者的语言系统会在不断地组合和重建过程中实现不断地发展。学习者应将所接收的新的语言功能和形式与已有的语言系统进行比较，利用充分的语言材料对语言现象和语法功能进行假设验证和分析加工，通过对语言的过滤形成自己的记忆。语言学习者对经过加工的语言信息进行调节，从而达到输出准确语言的目的，也就到达了这一过程的终端。

2. 认知过程中语言输入与输出的平衡

根据加斯的观点，学习者利用知觉机制对环境中的语言信息进行过滤，并进一步利用分析机制，将输入的信息不同程度地转化为可理解性输入。语言学习者只有将可理解性输入同化吸收时，才能够使其第二语言系统得到发展。但是对于第二语言的学习来说，在输入的同时还应重视语言的输出。只有通过输出，学习者才能对输入吸收的语言信息进行应用。在语言的输出过程中，要关注语言输出的流利性、可理解性、准确性，保证语言输入与输出的平衡，实现熟练使用第二语言进行交际的目的。

语言的可理解性对于语言的学习具有积极的作用。学习者对于语言输入材料的注意力是有选择性的，材料只有引起学习者的注意，才被学习者理解和吸收的可能。教师语言的输入是语言材料输入的重要途径。教师的语言对于学生的语言学习以及语言的输入与输出具有重要的影响。在课堂教学中，学生对于教师的语言有着极高的关注，教师在课堂教学中的知识讲授、语言运用、师生互动都会对学生的输出产生明显的影响。因此，对于教师来说，应充分注意保证语言的流利性、可理解性、准确性，从而在课堂上对学生的知识输入带来积极的影响。

语言学习者的主动建构表现在语言的加工过程中。对于语言的输入内化来说，注意、分析、记忆是其中的关键环节，而这需要对学习者的主观能动性进行充分的调动。对于教师来说，应充分了解学生能够理解的语言形式，选择符合学生特点的、能够引起学生兴趣的、与学生生活密切相关的语言材料，来引起学生的注意，调动学生的学习兴趣，实现学生对语言学习的主动建构，使学习者主体对输入的语言进行分析的加工，进入语言的输出阶段。教师对于学习者的自主构建，也应进行一定的引导。

语言的输出是语言学习的重要目的，只有将所学的知识进行实际应用，才能够使语言的输入产生效用。在语言的输出中，重点要关注的就是输入的知识与输出的信息之间的平衡。因此，对于第二语言的教学来说，教师在输出阶段，需要对学生在语言输出中所犯的语言错误进行灵活的处理，应充分考虑学生在第二语言的学习和使用中的心理特点，不要生硬地指出其错误，而是应通过引导的方式，使学生在课堂环境下达到输入信息与输出信息的平衡。

三、认知视角下的二语习得

（一）应用语言学与二语习得

1. 二语习得理论

二语习得理论是由克拉申在20世纪70年代提出的，这一理论也是第二语言教学中的经典理论，并且在第二语言教学的实践中得到了验证。根据克拉申的理论，人类主要是通过两条途径获得第二语言的。

第一条途径是"语言习得"，这一途径类似于儿童对于母语能力的习得与发展，是一种无意识的、自然的学习第二语言的过程。在这一过程中，学习者通常不会产生学习语言的意识，只是在自然的交际过程中，获得了第二语言的能力。比如在印度和新加坡这样的双语国家，这种"习得"过程几乎和母语的获得一样轻松，学习者（或儿童）根本感觉不到两种语言对他来说哪个更"难"。诚然，对于绝大多数二语学习者而言，二语习得或多或少要借助甚至依赖于对母语的理解。

第二条途径是"语言学得"，即通过听教师讲解语言现象和语法规则，并辅之以有意识的练习、记忆等活动，达到对所学语言的了解和对其语法概念的"掌握"。习得的结果是潜意识的语言能力，而学得的结果是对语言结构有意识的掌握。

这一过程即学习者聆听教师对语言现象和语法规则的讲解，同时通过有意识的练习和记忆活动，加强对语言的了解和对语法知识的掌握。

语言的习得与学得在结果和作用上存在着一定的差异。从结果上来说，语言习得获得的是潜意识的语言能力，而语言学得的结果是对语言结构的有意识掌握；从作用上来说，语言习得起到的作用是增强说话的流利程度，语言学得的作用是对语言的监控或编辑。

因此，通过语言习得获得第二语言的学习者，能够较为轻松、流利地使用第二语言进行交流；而通过语言学得获得第二语言的学习者，只能够运用第二语言的语言规则对语言进行监控。在实现准备的语言运用，如写作或发言的准备中，运用语法能够增强语言的准确性和文采。

在口头交际中，人们重视的是说话的能力而非形式。由于时间的关系，人们对于语法的使用也不会过分斟酌。语法规则若非习得获得，也难以在口头交际中得到应用。若过多使用语法对自己的语法错误进行纠正，就会使表达变得结巴，对方也会因此失去交谈兴趣，从而导致交际的失败。

根据克拉申的观点，只有习得才能够直接促进学习者第二语言能力的发展，习得也是语言运用的生产机制。学得则是有意识了解语言作用的结果，在语言运用中，只能够起到监控和检验的作用。习得的在语言能力中是排在首位的，而学得则不属于语言能力本身的一部分。但是，克拉申并不排斥学得在语言学习中的作用。

克拉申的理论表明，外语的习得也应向幼儿对母语的习得一样。尽管他们所接受的语言是有一定控制的，但是其并不会产生有被教和学习的意识。不过，他们交流过的大量语言，是与成年人（通常是父母）伴随着真实情景交流的语言，换句话说，就是语言习得的东西一定与他们的生活经验相关，而且越是与生活经验接近，就越容易自然而然地习得语言，从而全面掌握第二语言。由于语言环境的影响，许多二语学习者毕竟无法像幼儿习得母语一样自然而准确地获得第二语言，于是便产生了"语言迁移"的效应。

2. 应用语言学对二语习得的作用

应用语言学对外语教学至少起着两方面的重要作用。

第一，应用语言学在语言教学方面拓宽了理论语言学，使教师能够在教学目标与内容上做出更好的决策。在面临教学大纲的任务设计时，教师有着多种选择，比如是教授文学作品中的语言，还是生活中的日常交际语言？是教授整个语言系统，还是这个系统中的一部分？为回答这些问题，教师会有意无意地运用其对语言学本质的理解。应用语言学为教师提供了语言系统本质的形式方面的内容，因此提高了其对语言学习本质的理解。这样，教师在选择教学方法和教学内容时，可以做出更加明智的决策。

第二，应用语言学阐述了语言学理论在语言学教学方法方面的洞察力及内涵。一旦教学目标与教学内容得以解决，教师就不得不去考虑如何教这样的问题。教学过程应以教师和教材为中心，还是以学生为中心呢？应当如何看待学习者犯的错误？在课堂中应采取什么技巧？应用语言学把语言学习的本质与各种语言学理论联系起来，因此它能够帮助教师去选择教学方法和技巧。

（二）认知视角下二语习得的语言迁移

1. 语言迁移的概念

语言迁移来源于学习心理学概念，由于对语言迁移现象的观察、解释一直是二语习得研究的重点之一，语言迁移这一术语使用频繁，也出现了对这一概念的不同界定。例如，埃利斯（Ellis）从传统的语言迁移研究范围出发，将语言迁移定义为学习者第一语言对第二语言习得产生的影响。而奥德林（Odlin）则将语言迁移研究从最初的学习者母语对二语习得的影响扩大到学习者已经习得的任何语言知识对新语言习得的影响，他认为语言迁移指的是目标语和其他任何已经习得的或没有完全习得的语言之间的相似和差异所造成的影响。加斯和埃利斯与奥德林持有相似的观点，加斯认为语言迁移是学习者将母语或其他语言信息运用到二语或其他语言的过程；同样，埃利斯也指出语言迁移包括除二语以外的语言影响，如正迁移、负迁移、对目标语形式的回避和过度使用等。一些研究者保留对语言迁移的使用，采用"语际影响"这一概念，认为"语际影响"涵盖面更广，可以包括语言接触所产生的诸如干扰、正迁移、回避、借用、生成过度等现象，在理论含义上也更加中立。倾向于采用"语际影响"概念的学者认为语言迁移不仅包括一语对二语的影响，还包括三语对二语的影响，甚至于二语对一语可能产生的影响。在多达17种有关语言迁移的定义中，奥德林对语言迁移的界定因较能反映出语言迁移的本质和研究范围而受到广泛使用。

2. 语言迁移的表现

（1）正迁移

20世纪50年代至60年代，研究者普遍认为一语在二语习得中起到的否定作用被称为"干扰"，通过系统对比一语和二语的差异，人们可以预测到这种干扰。一般认为，一语和二语具有的相同点能使语言学习变得更加容易，我们称之为正迁移，但是，很多预测到的语际间的干扰并没有得到证实，同时，研究发现往往是两种语言间的某些相似之处而不是差异可能造成语言习得中的最大的困难。因此，俞理明在对正迁移进行界定的时候没有谈到一语和二语之间的异同问题，而是将其定义为"学习者在学习第二语言中使用已有的语言知识并且没有在语言学习过程中出现错误"。但埃利斯的观点有所不同，他认为正迁移并不意味着在一语促进二语学习的过程中，完全没有出现错误，而是错误逐渐减少，并且学习速度得到提高。

相对于负迁移来说，正迁移更不容易识别，只有通过对比不同本族语者的二语学习的成功范例才能观察到。例如，一语对二语的正迁移有时以 U 型方式出现，如果二语和一语在某些语言特征上相似，那么语言学习初期，学习者可能会正确使用这些语言特征。但是随着二语学习的发展，学习者在使用这些语言特征中会出现错误，但最终又会掌握正确使用它们的方法。在学习者的这种 U 型行为方式中，因为学习者还没有构建相应的中介语发展规则，二语学习主要受一语影响，正迁移在学习初期表现明显。但在中介语发展过程中，由于对二语规则没有完全掌握，而形成自己不完善的发展规则，在使用中会出现错误，这段时间会成为 U 型发展的谷底。最终，在中介语发展过程中，学习者逐渐发现自己的发展规则与语言输入不相符合，他们会"重新学习"目标语的正确规则，因而，语言错误逐渐减少。一语对二语的正迁移还表现在其他方面，如果两种语言是同源语言，更有利于学习者进行词汇习得。

（2）负迁移

负迁移指由于一语和二语的差异而造成的学习困难或干扰。俞理明认为学习者在学习第二语言的过程中使用已有的语言知识并且出现了错误，可以称之为负迁移。研究者主要通过对语言错误的分析，探讨由语际间干扰造成的错误在语言错误中所占的比例。埃利斯在总结了不同的研究结果后，指出由于研究对象为不同的本族语者，由语言迁移造成的错误所占比例从 3%～51% 不等，成年的中国学习者在说英语过程中所犯的由语际间干扰造成的错误占语言错误的 51%。

根据奥德林的研究，负迁移主要表现形式为生成错误，指的是"语言学习者在对话和写作中，由于本族语和目标语之间的相似或差异而频繁出现的两种类型的错误："替代"和"仿造"。"替代"表现为学习者将母语的语言形式应用在目标语中并产生错误；学习者在目标语中所犯的错误反映出非常相似的母语结构叫作"仿造"。除了生成错误，负迁移还表现在生成不足、生成过度、错误理解上。生成不足指的是"学习者几乎不使用或很少使用目标语结构的错误类型"，其中回避就是一个很好的例证。回避指的是由于母语和目标语之间的差异，学习者在学习某个语言形式时感到非常困难，他们会避免使用这一语言结构，那么一语对二语的影响就不会表现在学习者的语言错误中。例如，塞契特的研究发现，在使用英语定语从句的过程中，中国和日本的学习者比阿拉伯国家的英语学习者所犯的错误要少，这并不是因为中国和日本的学习者较好地掌握了英语定语从句的用法，而是由于中文或日语中的定语通常是放在名词前进行修饰的，而英语的定语从句是放在名词后进行修饰的，因而造成语言差异，产生学习困难，中国和日本的学习者会避免使用定语从句。而阿拉伯语和波斯语的定语位置与英语一致，因此，阿拉伯国家的英语学习者就不会回避使用定语从句，使用数量比中国和日本学习者多，所以产生的错误就相对较多。学习者在回避使用很难的语言形式或对它们生成不足时，就会过度生成或过度使用相对简单的语言结构。日本的英语学习者为避免使用定语从句，会过度使用简单句。生成过度还可以反映在语篇层面，奥尔斯廷（Olshtain）通过研究63名在以色列学习希伯来语的美国大学生，发现他们比希伯来语本族语者更多地使用直接道歉，这可能受到了英语的迁移，因为与希伯来语相比，美式英语更多地使用道歉形式。由于母语和目标语语言结构、词序模式、文化臆断之间的差异，有时可能造成学习者推断出与以目标语为本族语者的人完全不同的结论，即错误理解，这种负迁移现象在阅读中普遍存在。

第三节 应用语言学中的认知研究概论

一、认知视角下应用语言学的隐喻认知

（一）隐喻认知理论

对于隐喻的研究可以分为修辞学、哲学、语言学三个方面。早在古希腊时期，对于隐喻的研究就存在于对修辞学和哲学的研究中。其中，亚里士多德的"替换论"是隐喻在修辞学研究中最早的成果，柏拉图关于"隐喻和真理"的观点则是隐喻在哲学研究中最早的成果。隐喻理论在认知语言学中也具有重要的地位，拉考夫和约翰逊是较早地以认知语言学为角度对隐喻理论进行系统论述的学者。他们对于隐喻的研究实现了对传统隐喻研究在范畴和观点上的突破。拉考夫等将隐喻作为概念系统构建的手段，并提出了隐喻的认知观，其主要包括以下三个方面的特点。

①普遍性。隐喻是人们利用一种事物理解另一种事物的认知方式。它不属于特殊的语言表达手段，而是人们的一种普遍思维，广泛存在于人们的日

常语言中。有统计表明，在英语中，有约 70% 的表达方式都具有隐喻的特点。人们对于隐喻的传统研究，主要是对新奇隐喻的研究。在认知视角下，人们对于隐喻的使用是一种平常的、无意识的行为，并受到文化传统或认知习惯的影响。

②系统性。隐喻的使用不是个别的、孤立的、彼此毫无联系的，而是具有系统性的。看似孤立的隐喻，实际上彼此间有着各种各样的联系，从而形成结构化的隐喻群。

③概念性。隐喻不仅是一种语言问题，它也作为概念形成的机制而存在。隐喻在人类的思维方式中具有重要的作用，在人们对于外部世界的认识、对于新的知识的接受、对于新的意义的创造等活动中，隐喻都发挥着认知中介的作用。

（二）认知视角下应用语言学与隐喻认知的关系

隐喻作为人类的一种思维方式，在不同的语言中都普遍存在。同时，由于不同民族在历史文化、风俗习惯、社会规则等方面的差异，其对于同一事物进行隐喻的结果也会存在差别。在外语教学中，对隐喻进行的跨文化对比研究，对于语言的应用来说具有重要的价值和意义。其有利于发现不同民族之间认识相同的部分，从而充分发挥其在语言习得上的积极作用，加强学习者对于相关内容的理解和记忆。对于认识中的差异部分，则应对其进行重点的强调，防止其在语言学习者产生负干扰，对跨文化交际起到消极影响。

从应用语言学的角度来说，对于语言的应用主要是在符合语言框架的前提下，从实际出发，对句法、词义、交际目的等因素进行考虑。在隐喻的研究上，则主要是从认知角度出发，将研究由系统向具体语用转变，由语言结构向语言形式转变。语言学家卡梅伦则认为，对于隐喻的研究，应建立多层次的研究体系。他还将隐喻研究分为理论、处理、神经学 3 个层次。

二、语言应用与隐喻能力

（一）隐喻能力的提出

语言能力的概念是由乔姆斯基提出的。根据他的观点，语言研究并非以语言运用而是以语言能力为研究对象。他将语言能力解释为人类特有的内在语法知识，即理解和生成句子的能力。语言能力的存在以人类的"普遍语法"为基础。语言能力所包含的知识是有关语言系统的知识，它排斥语言之外的一切因素的影响。在这一理论的影响下，外语教学在理论上更加重视对语言系统知识的教学，但是忽视了对学生语言运用能力的培养。

进入20世纪70年代，有的语言学家逐渐发现对语言系统知识的掌握只能够使学习者具备运用语言的潜在能力，并不意味着其能够灵活应用语言。因此，海姆斯（Hymes）提出了交际能力的概念，他在交际能力的概念中提出了语言理论应考虑的四个问题，即语法性、可行性、得体性、现实性。此外，韩礼德的系统功能语言学派，也对语言的交际性特征进行了强调，并从语篇层面上解释了语言结构与语言运用之间的关系。随着语用研究的不断发展，人们开始重新审视语言的交际层面，并加强对其研究的重视。威多森（Widdowson）将交际能力独立于语言能力，并认为交际能力是包括语言能力的。对于在语言教学中过分强调口头表达、忽视语法结构训练的现象，他提出了交际能力与语言系统知识并不排斥的观点。

隐喻能力的理论是伴随着认知语言学的发展而产生的。在认知语言学的视角下，隐喻被认为是人类的一种心理机制。因此，隐喻能力也是认知能力的重要组成部分。语言能力、交际能力、隐喻能力三者的概念在理论和阐释上各有不同。语言能力强调的是语言的规则系统，交际能力强调的是交际的目的、情景、效果，隐喻能力强调的是隐喻的认知性和动态创造性。这三种能力既是相互区别的，又是相互联系、互为补充的。对于外语教学来说，教师应从不同侧面采用不同方式，对学生的语言能力、交际能力、隐喻能力进行培养，使学生在掌握语法规则的基础上，能够在不同的交际环境中具有语言交际、动态理解、创造隐喻的能力。

（二）隐喻能力的培养

隐喻是人类认知外部世界的重要方式，因此无论在何种语言中，都有大量的隐喻现象存在。对于隐喻来说，不同民族既有相同或共有的隐喻，也有各自独特的隐喻。这也说明，隐喻具有深厚的文化属性。在外语教学中，要加强对学生隐喻能力的培养，必须重视隐喻的文化属性。语言中的隐喻认知机制起着连接语言与文化的重要作用，它能够使学习者通过语言符号了解和掌握目标语的文化内涵，从而与母语形成对照，使学习者形成跨文化意识。从这个意义上来说，对语言现象进行辨析，对于外语教学中的文化教学具有重要的作用。同时，对于学习者来说，由于母语隐喻思维的深刻影响，理解和运用目标语的隐喻特征是较为困难的，这也是外语教学中所要解决的重要问题。

隐喻能力不仅仅是对目标语既有隐喻现象的识别、理解和运用，更重要的是对目标语深层的隐喻认知机制的学习，具有利用目标语的隐喻认知机制运用和创造隐喻的能力。对于学习者来说，只有深入地理解目标语的隐喻认知机制，才能够从根本上掌握用目的语动态生成隐喻的能力，也就是从根本上掌握目标语。为了实现这一目标，在外语教学中，必须将隐喻能力的培养作为教学指导的重要内容和方向，根据隐喻能力的培养需求编写相关教材，在教学中进行隐喻教学实践，在测试中将隐喻能力作为考察的重要内容。

参考文献

[1] 赵亮. 认知语言学：理论和应用 [M]. 北京：世界图书出版公司，2017.

[2] 刘繁，王扬. 认知语言学理论与应用研究 [M]. 北京：北京交通大学出版社，2015.

[3] 高佑梅. 认知语言学在二语习得中的应用 [M]. 天津：南开大学出版社，2010.

[4] 唐承贤. 第二语言习得研究的语言学视野 [M]. 北京：世界图书出版公司，2014.

[5] 何英玉，蔡金亭. 应用语言学 [M]. 上海：上海外语教育出版社，2005.

[6] 张庆宗，吴喜艳. 应用语言学导论 [M]. 武汉：湖北教育出版社，2013.

[7] 张培. 应用语言学研究中的混合方法 [M]. 北京：外语教学与研究出版社，2017.

[8] 雷蕾. 应用语言学研究设计与统计 [M]. 武汉：华中科技大学出版社，2016.

[9] 刘艳春. 中西应用语言学研究对比分析 [M]. 北京：商务印书馆，2016.

[10] 杨延宁. 应用语言学研究的质性研究方法 [M]. 北京：商务印书馆，2014.

[11] 杨鲁新. 应用语言学中的质性研究与分析 [M]. 北京：外语教学与研究出版社，2013.

[12] 蔡基刚. 应用语言学视角下的中国大学英语教学研究 [M]. 上海：复旦大学出版社，2012.

[13] 周丹丹. 应用语言学中的微变化研究方法 [M]. 北京：外语教学与研究出版社，2012.

[14] 王宗炎. 语言学和语言的应用 [M]. 上海：上海外语教育出版社，2013.

[15] 张永昱. 认知语言学视域下的汉语研究和习得 [M]. 上海：复旦大

学出版社，2016.

[16] 王馥芳．认知语言学反思性批评［M］．北京：外语教学与研究出版社，2014.

[17] 吴为善．认知语言学与汉语研究［M］．上海：复旦大学出版社，2011.

[18] 张绍全．中国英语学习者多义词习得的认知语言学研究［M］．重庆：重庆大学出版社，2010.

[19] 廖光蓉．语言类型学视域下的词概念框架认知研究［M］．长沙：湖南师范大学出版社，2015.

[20] 石毓智．认知能力与语言学理论［M］．上海：学林出版社，2008.

[21] 崔希亮．语言理解与认知［M］．上海：学林出版社，2016.

[22] 束定芳．认知语言学在中国：引进与发展［J］．外语教学与研究，2018，50（06）：820-822.

[23] 崔惠茹，刘洺含．认知语言学视角下隐喻对英语词汇学习的影响［J］．中国多媒体与网络教学学报（上旬刊），2018（12）：15-17.

[24] 冷玉芳．对话句法：认知功能视角下的会话研究［J］．江西师范大学学报（哲学社会科学版），2018，51（06）：161-164.

[25] 段钨金，段亚妮，孙春玲．从"语言是实体"的隐喻管窥认知语言学的语言观［J］．华北理工大学学报（社会科学版），2018，18（06）：122-129.

[26] 丁路．认知语言学理论对英语词汇教学的启示浅谈［J］．课程教育研究，2018（44）：79.

[27] 佟双．从认知语言学角度看英语语法及其教学：语法观再研究［J］．科教导刊（下旬），2018（10）：63-64.

[28] 熊舒婷．从认知语言学角度看一词多义现象［J］．安徽电子信息职业技术学院学报，2018，17（05）：58-61.

[29] 魏琪．认知社会语言学视角下的新词英译［J］．淮北职业技术学院学报，2018，17（05）：68-69.

[30] 胡丹娟．基于认知语言学理论的大学英语词汇教学研究［J］．江西科技师范大学学报，2018（05）：121-128.

[31] 文旭，司卫国．认知语言学：反思与展望［J］．中国社会科学评价，2018（03）：23-36+126.

[32] 牛保义．认知语言学研究的现状与发展趋势［J］．现代外语，2018，41（06）：852-863.

[33] 胡晓霞．认知语言学视角下的英语新词构建研究［J］．长治学院学报，

2018，35（04）：70-73.

[34] 彭麟淋. 认知语言学对后现代主义哲学的影响[J]. 宿州学院学报，2018，33（08）：50-54.

[35] 徐丹，吴燕春，汤景坡. 认知语言学框架下的英语教学探讨[J]. 江西电力职业技术学院学报，2018，31（07）：52-53.

[36] 朱京，贾冠杰. 基于认知语言学的大学英语教学模式研究[J]. 外语界，2018（03）：30-37+80.

[37] 浩悦. 浅谈应用语言学的研究现状以及对学科建设的几点思考[J]. 教育现代化，2018，5（35）：122-123.

[38] 平君. 基于应用语言学的大学英语教学模式改革研究[J]. 吉林省教育学院学报，2018，34（08）：75-77.

[39] 刘丽芬，陈代球. 我国语言学交叉学科界面研究回溯与展望[J]. 外国语文，2018，34（04）：50-56.

[40] 王金巴. 复杂理论：应用语言学研究的跨学科视角[J]. 运城学院学报，2018，36（01）：1-5.

[41] 杨雪. 浅谈英语教学中应用语言学的有效应用[J]. 教育现代化，2018，5（11）：185-186.

[42] 袁亚敏. 英语教学中应用语言学的有效应用效果探析[J]. 现代经济信息，2018（05）：405-406.